JN108589

野球タイプ別 鴻江理論

\ 野球タイプ別 /

引いて使う**うで体**
押して使う**あし体**

著・鴻江寿治
（アスリートコンサルタント）

はじめに

　野球というスポーツに対して、小さい頃から父親の姿を見てきました。

　父は地元では優秀で有名な野球選手で、51歳にして軟式野球Aクラスの強豪チームを相手にノーヒットノーランを達成するほどの強靭な体力の持ち主でした。その姿を見て育った私は「同じようになりたい」と、野球に取り組みましたが、体力がなく、ケガが多かったため、自分にはそれほどの能力がないことに段々と気づいてきました。

　そうした背景があって、自身の体の特性を理解し、生かすことを考えるようになっていきました。自身も含め、同じプレーヤーに対しても「こうやったらもう少しうまくいくのではないか、凄くなるのではないか」と体の使い方を客観的に見るようになり、そこで気づいたのが、人間は猫背タイプの「うで体」と反り腰タイプの「あし体」に分類されるということです。

　腕でタイミングをとるのが「うで体」、足でタイミングをとるのが「あし体」。左右の体重移動で沈み込むのが「うで体」、前後の体重移動で反力を使うのが「あし体」。腹筋を使って前側の懐で力を使うのが「うで体」、背中側に軸を持って背筋で押していくのが「あし体」。このように、それぞれに合った体の使い方があるのです。

　有名選手や好プレーヤーからアドバイスを受けているのにもかかわらず、しっくりこないという経験があった方も多いのではないでしょうか。それは自分と違うタイプの動きをしていたからだと考えます。

　自分の体の特性を理解し生かしていくことで、プレーに対して

伸び悩んでいる選手や、ケガで苦しんでいる選手の悩みが解決され、日常生活で心身ともに辛い立場にいる方々の悩みの解決にも役立つのではないかと考えました。

　決して猫背や反り腰を否定して矯正するのではなく、「持って生まれた自身の体なんだ」と受け入れ、特性を理解し、生かしていくことが素晴らしい人生の始まりではないかと思っています。

　ケガをして悩んでいる選手がいたならば、それが相手チームの選手であったとしても、野球人として手を差し伸べ、助け合い、万全の状態の中でお互い全力を出し合うことで勝負の素晴らしさが生まれるのではないでしょうか。この考え方に基づけば、ライバルは他人ではなく、昨日の自分がライバルであり、昨日の自分に勝ち、成長することが何よりの喜びであるべきだと思います。

　現に現役時代ライバルチームであった3名で、野球を通じて学んだ経験や想い、感謝の気持ちを込めて本書を作成しました。

　野球というスポーツに人生の時間を費やした中で、家族に迷惑を掛けることも多々ありましたが、それは現在の仕事としての糧になっています。人々に伝えていけるような立場になれたことは、積み重ねてきた時間は決してムダではなかったことの証です。その一つの成果として、東京2020オリンピックの野球・ソフトボール日本代表トレーナーとして、陰ながら金メダルを獲得することに貢献できたと思います。

　産んでくれ、育ててくれた親に感謝し、支えてくれた家族に感謝しながら、この本を通じて少しでも次の世代に伝えていけたら幸いです。

鴻江 寿治

CONTENTS

第**3**章

2. 打者の体の使い方

第6章

トレーニング＆ストレッチ ······························ 119

1 うで体にオススメのトレーニング ······················ 120
Ｖ字腹筋／クロスクランチ／腕立て伏せ（ワイド）／
アストロプランク／ファストスクワット／サイドジャンプ

2 うで体にオススメのストレッチ ····················· 124
前腕屈筋群／左肩甲挙筋／大胸筋／腹筋／右大腿四頭筋／
左ハムストリング／両内転筋

3 あし体にオススメのトレーニング ····················· 128
スパイダーマン／バックプランク／腕立て伏せ（ナロー）／
アンクルジャンプ／ハイパワージャンプ／ヒップリフト

4 あし体にオススメのストレッチ ····················· 132
前腕伸筋群／左広背筋／脊柱起立筋／左大腿四頭筋／
右ハムストリング／下腿三頭筋／大殿筋・中殿筋筋

5 うで体・あし体共通トレーニング ····················· 136

編　　集／佐久間一彦（ライトハウス）
デザイン／有限会社ライトハウス
　　　　　（黄川田洋志、井上菜奈美、中田茉佑、有本亜寿実）
撮　　影／湯浅芳昭、松本剛
イラスト／丸口洋平

1

"うで体""あし体"とは？

自分の体のタイプを知る

猫背型の"うで体"反り腰型の"あし体"

アスリートのパフォーマンス向上や故障予防を考えるとき、体の特徴に則した動作を身につけることが欠かせません。これが大事だとわかっていても、果たしてどれだけの人が自分の体の特徴を正確に把握できているでしょうか？ 誤った方向に進んでしまうと、どれだけ練習を積んでも一向にパフォーマンスは上がりません。それどころか、故障のリスクを高めていることもあります。

これまでアスリートコンサルタントとして多くのアスリートを見てきた中で、人間の体には大きく分けるとタイプが2つあることに気がつきました。それが猫背型の"うで体"と反り腰型の"あし体"です。それぞれのタイプには特徴があり、それによって適した体の使い方が異なります。

人間の体が"うで体"と"あし体"に分かれるのは、骨盤の開きに左右差があるからです。右側の腰が閉じて（前傾して）左側の腰が開いた（後傾した）状態が猫背型の"うで体"で、その逆が"あし体"になります。ベルトの下で腰骨の出っ張り（上前腸骨棘）に触

骨盤のねじれ（典型例）

右斜め前からの視点

うで体＝猫背型（左後傾・左開き）

あし体＝反り腰型（右後傾・右開き）

※マーカー貼付位置＝左右恥骨骨頭、左右上前腸骨棘、左右寛骨棘、左右上関節突起、仙骨

27歳前後まではタイプが変化する

れることができると思いますが、右が左より前方に出ているのがうで体、左が右より前方に出ているのがあし体です。

人によってこうした骨格のねじれの違いがあることは、2018年に鹿屋体育大学の協力のもと、最新鋭の設備を使用しての研究により、エビデンスを得ることができました（P20〜参照）。

骨格のねじれ方は遺伝や生活環境、生活習慣などによって違いが出てくるものだと思いますが、生まれたばかりの赤ちゃんの頃は、全員がうで体であると、私は考えています。

お母さんのお腹の中にいるとき、赤ちゃんは丸まった猫背の状態です。また、人の体は右側に重い肝臓があり、

横隔膜も右が左に比べて分厚く、基本的に右半分が重い構造になっているのです。そのため、赤ちゃんが初めてつかまり立ちをするときは、利き腕に関係なく両手で家具などをつかみ、体が右側に傾きやすく、左足がぶらぶらしてしまう子が多いものです。

こういった右に傾きやすいという傾向は、うで体の特徴であり、最初はみんなうで体なのではないかと考えられます。そこから成長とともに生活習慣や環境、遺伝などの要因によって、うで体のままの人と、あし体に変わる人に分かれていきます。長年、選手を見てきた経験上、27歳前後まではタイプが変化する姿も見てきました。

その場足踏みで頭部の左右ブレ（典型例）

静止立位時の鼻の位置を基準（0）に設定し、その場での足踏みをおこなうと、鼻の振れが大きい方向がタイプ別に分かれた。ほぼ理論通りで、あし体でより顕著に表れた。

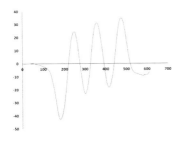

【うで体＝猫背型】左に大きく揺れる

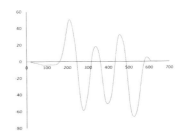

【あし体＝反り腰型】右に大きく揺れる

骨格によって軌道は決まる

骨格のねじれは、体の使い方、力の出し方に当然影響を及ぼします。うで体は左肩上がりで指先は右手が左手より下に位置します。右の骨盤が前傾、左の骨盤が後傾しているので、腰のラインは右上がり、ヘソは左を向きます。あし体はこの逆になります。うで体は体の内側、腹筋をよく使う傾向があり、あし体は体の外側、背筋をよく使う傾向があります。うで体はその名の通り、腕主導で動作を始めたほうが体を動かしやすく、あし体は足主導で動作を始めたほうが体を動かしやすいという特徴があります。

体のタイプが違えば、当然、得意な体の使い方、苦手な体の使い方も違ってきます。指導者がこれを理解していないと、選手に適した体の使い方を指導することは難しいでしょう。うで体のコーチがあし体の選手に、自分が動きやすいやり方を指導したとしても、タイプが違うので選手はうまくいきにくいと思います。あし体のコーチがうで体の選手を指導した場合も同じです。よく、コーチの合う、合わないみたいな話題が取り上げられることがありますが、コーチの指導能力や、選手の理解力の問題だけではなく、体の特徴による違いが大きく影響している可能性もあります。

たとえば相撲の場合、体を丸めて相手に頭をつけるような格好での取り組みを得意とするのがうで体。このタイプは壁を押す場合、前傾姿勢で力が入るので、相撲でも前傾姿勢を好みます。

一方、胸を出して反り腰で相手を捕まえる取り組みを得意とするのがあし体です。こちらのタイプは壁を押すとき、胸をつけるような形で押すほうが力が入るので、腰高に見えても気にする必要はありません。

元横綱・稀勢の里、白鵬は体の動きを見る限りうで体だと思われ、手を使うことを得意としています。時々、その取り組みの解説で「頭をつけるなんて横綱らしくない」と指摘されることがありますが、これは自分の体のタイプに合った動き方をしているわけですから、否定されるものではありません。一方、元横綱の貴乃花、朝青龍は過去の取り組みを見る限り、あし体だと思われ、稀勢の里、白鵬とは対照的に胸を出して相手を捕まえる相撲で力を発揮していました。四人の名横綱の取り組みの違いは、体のタイプの違いによるものと考えることができます。

うで体の稀勢の里が指導者として、あし体の力士を指導した場合、自らと同じように低い前傾姿勢での相撲を推奨するでしょう。ところがあし体の力士は反り腰タイプなので、そのやり方では本来の力を発揮することはできません。体の使い方に無理が生じてケガをする可能性もあります。うで体とあし体を間違えて指導すると、こうした大きなリスクを伴う恐れがあると思います。

野球でも指導の一方通行は危険です。たとえばバントを指導する場合、指導者が自分の体のタイプがやりやすい形

1

"うで体" "あし体" とは？

右のうで体

右のあし体

左のうで体

左のあし体

トレーニング&ストレッチ

を選手に強制すると、タイプが合わない選手はうまく体を使うことができません。詳しくは後述しますが、指導者が右利きのうで体だとしたら、バントはクローズドスタンスで構えるように指導するはずです。右のうで体は投手側の左腰が開いているため、クローズ

ドで構えることで骨盤がスクエアになるからです。ところが右のあし体の選手がこの構えでバントをすると、左腰がかぶっているので、クローズドスタンスでさらにかぶることになり、目線が斜めになるうえ、下半身の自由も奪われてしまいます。

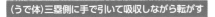
目線が合うことで捉えるボールの位置、転がす方向も変わる

（うで体）三塁側に手で引いて吸収しながら転がす　　（あし体）一塁側へ膝で引いて呼吸しながら転がす

　左打者の場合は逆になり、あし体の選手はクローズドスタンスが適していますが、うで体の選手はクローズドスタンスでは右のあし体の選手と同様の理由で、うまくバントができません。コーチが自分の体のタイプのやり方を選手に強制すると、できるはずのことができなくなってしまう恐れがあります。
　こうした指導の問題を解決する手っ取り早い方法は、うで体タイプとあし体タイプのコーチを用意すること。そ

して、選手がどちらのタイプかを見分けたら、自分と同じ体のタイプのコーチに教わるようにします。そうすることで、必然的に適切な体の使い方を教わることができるでしょう。
　体のタイプの違いによる指導者と選手のズレは、どんなスポーツでも起こりうる問題です。パフォーマンスアップ、ケガのリスク回避のためにも、自分がうで体なのか、あし体なのかを知っておくことはとても大切です。

13

"うで体"と"あし体"は体の使い方が違う

"うで体"と"あし体"は体の使い方が違います。加えて野球は右利きと左利きは別の生き物とまで言われます。そこで本書では"うで体"と"あし体"の違いを加え、第2章では右利きの"うで体"、第3章では右利きの"あし体"、第4章では左利きの"うで体"、第5章では左利きの"あし体"と、利き手と体のタイプを分類して紹介していきます。

第1章では15ページからタイプの見分け方を紹介するので、まずは自分がどのタイプなのかを知りましょう。"うで体"で右投げ左打ちの選手の場合は、投球に関しては第2章、打撃に関しては第4章というように、自分の体のタイプに合ったページを参照してください。

[右投手]

うで体

あし体

[左投手]

うで体

あし体

[右打者]

うで体

あし体

[左打者]

うで体

あし体

1

"うで体""あし体"とは？

右のうで体

右のあし体

左のうで体

左のあし体

トレーニング＆ストレッチ

2 うで体、あし体の簡単な判別方法

判別方法① イスから立つときは？

　では、自分がうで体なのか、あし体なのかはどうしたらわかるのか？　簡単な判別方法をいくつか紹介していきましょう。

　その前に一つ、頭に入れておいてほしいのは、前述したように最初はみんなうで体だったと考えられることです。つまり、あし体の人も元々はうで体だったということ。そのため、これから紹介する判別方法のなかで、うで体の人はあし体の人が得意とすることはできないのに対して、あし体の人は元々うで体だったので、できる場合もある、どちらが得意かわからないという場合もあるということです。複数の判別方法を紹介するので、その中から自分がどちらのタイプかを判別してみてください。

　一つ目はイスからの立ち上がり方です。イスに深く座り、立ち上がるときの動きでどちらのタイプか見分けることができます。膝の角度が直角になるように深く座って、イスから立ち上がるとき、手を膝や太ももにつくなどして前に重心をかけ、つま先体重で立ち上がる人は、うで体です。一方、あし体の人は、踵側に重心があるので、手を使わずに後ろ重心のまま、踵体重で足に力が入って立ち上がれます。

　もちろん、うで体の人でも膝に手をつかずに立ち上がれるには立ち上がれます。判別のポイントとしては、前傾を深くして頭を前に持っていかないと立てなかったり、スクワットのような立ちづらさを感じる場合は、うで体と判断していいでしょう。

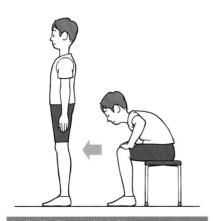

うで体は膝に手をついて立ち上がる

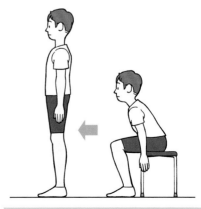

あし体はそのまま立ち上がる

15

　壁を押すときの姿勢からも、どちらのタイプかを見分けることができます。力を出すときは本能的にベストな体の使い方をするので、特徴がハッキリ分かれます。たとえば壁を押すとき、うで体は腕を伸ばして歩幅を広げて頭を下げて押すと力が出やすいのに対して、あし体は腕を曲げて歩幅を狭くして胸を壁に近づけて押すと力が出やすいです。

　うで体の押し方は深い前傾で懐が深いため、体幹の筋肉は腹筋をメインに使って足の力を壁に伝えます。前傾が深く、頭を下げて腰を少し丸めて、腕を伸ばして壁を押すのは、うで体の力の使い方になります。

　あし体の押し方は、主に体の裏側、背筋やふくらはぎなどの筋肉をメインに使うので、足で地面を蹴るように力を出します。構え方は胸を壁に近づけるように押すため上半身の前傾は浅く、少し反り腰気味になります。腕は曲げた状態であまり使わずに、背筋や足の力を使って壁を押します。

うで体は倒れ込むように前傾して腕が伸びた状態で押す

あし体は胸を壁に近づけて腕が曲がった状態で押す

　立った姿勢からつま先立ちをしてみてください。うで体はつま先の位置に頭を持ってきて前傾姿勢ができます。一方、あし体は体を反らして踵の上に頭の位置がくるようにして、体を反りながらバランスをとるのを得意とします。

前傾してバランスをとるうで体

体を反ってバランスをとるあし体

1

〝うで体〟〝あし体〟とは？

右のうで体

右のあし体

左のうで体

左のあし体

トレーニング＆ストレッチ

判別方法 ④ 重たい荷物を持ち上げる姿勢

重たい荷物を地面から持ち上げるときの姿勢も、うで体とあし体で違いが表れます。荷物を持ち上げるとき、うで体は腰をかがめて腕をお腹に引き寄せるように持ち上げます。上半身をかがませると、自然と「つま先重心＋懐がある」構えになり、腕を引きつけながら持ち上げる形になり、これはうで体特有の力の出し方です。

一方のあし体は、膝を曲げて背中を反るようにして足を伸ばして持ち上げます。腰を落とすことで踵重心となり、手よりも足をメインに使って持ち上げます。曲げた足を伸ばしながら持ち上げる。これはあし体特有の力の出し方です。

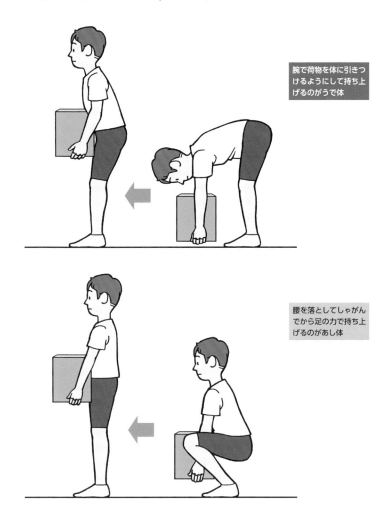

腕で荷物を体に引きつけるようにして持ち上げるのがうで体

腰を落としてしゃがんでから足の力で持ち上げるのがあし体

17

判別方法 ⑤ 寝る姿勢が立っている姿勢

この他にも寝るときにリラックスできる姿勢でも、判別することができます。一つはまくらの高さです。高めでしっかりとした硬さのまくらを好むのがうで体、低めで柔らかめのまくら、もしくはまくらがなくても眠れるのがあし体です。

寝るときの頭の位置というのは、「気をつけ」の姿勢をとったときに体の真横から見た頭の位置のこと。頭がつま先側にあるのか、踵側にあるのか、ということです。うで体はつま先重心なので、頭は高い位置にあったほうが良いので、高めでしっかりした硬さのあるまくらを好みます。逆にあし体は普段は反り腰で頭の位置が踵側にあるため、寝るときも同じような姿勢が良いです。つまり、まくらは柔らかめで低い、もしくはなくてもいいということになります。

ベッドマットの好みも判別方法の一つになります。しっかりした硬さのベッドを好むのがうで体、柔らかめのマットを好むのがあし体です。

日常の姿勢でうで体は猫背になりやすいので背中が丸まります。あし体の背骨は反り腰になりやすいのでお腹側が出るようにねじれます。寝るときにはそのねじれをリセットできるようなマットを使うと良い眠りを得られます。

うで体は高いまくら、硬いベッドを好む

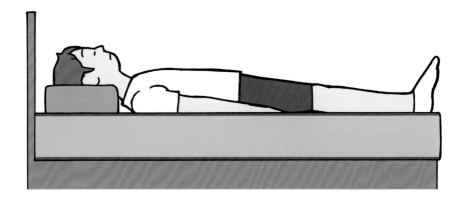

18

1

"うで体""あし体"とは?

右のうで体

右のあし体

左のうで体

左のあし体

トレーニング&ストレッチ

うで体は猫背をしっかりした硬さのマットで受け止めてなるべく真っすぐになるようにし、あし体は反り腰を柔らかいマットでふんわり受け止めて、反った背骨をほぐすようにするのがベストです。

　いかがでしたでしょうか？　自分がうで体なのか、あし体なのかがわかってきたと思います。前述したように、あし体の人は元々うで体なので、どちらも得手不得手なくできるという判別方法もあると思います。逆に言うと、どちらも違和感なくできる場合は、あし体であると判断できるかもしれません。

　うで体は何かの動作をスタートする

とき、上半身、主に手・腕から動き始めるようにしたり、手でタイミングをとりながらおこなうと、自然と全身を効率良く使えるようになります。あし体の場合は、下半身、主に足・腰から動き始めるようにしたり、足でタイミングをとりながらおこなうようにすると、上半身からスタートしたり、手でタイミングをとったりするよりも、効率的に動けると思います。

　第2章は右利きのうで体、第3章は右利きのあし体、第4章は左利きのうで体、第5章は左利きのあし体と、それぞれのタイプ別に体の使い方を紹介していきます。ここで判別した自分のタイプのページを参考にしてください。

あし体は低いまくら、柔らかいベッドを好む

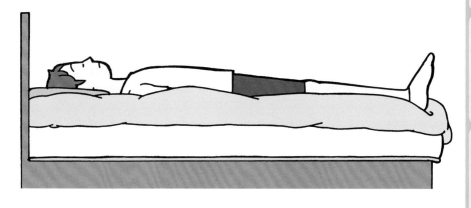

鴻江理論実証の報告

　ここまでに紹介したうで体・あし体の体の違いを鹿屋体育大学スポーツパフォーマンス研究センターにおいて、さまざまな検証をおこなった結果をここで紹介する。

［概要］

　鴻江理論を端的に説明すると、姿勢や簡易的動作を基に骨格を「うで体・あし体」の2タイプに分類する理論であり、その理論に基づいたタイプに応じて運動処方をおこない、パフォーマンスの向上や日常の身体ストレスの軽減を図ることに目的がある。

　この鴻江理論を世の中に広めるには、鴻江トレーナーにしか分かり得ない"感覚"の部分をバイオメカニクス的に検証し定量化する必要があった。そこで世界でも数少ない最新の

バイオメカニクス測定機器が整備されている鹿屋体育大学スポーツパフォーマンス研究センターにおいて、動作分析やスポーツパフォーマンスの研究を専門とする同大学の前田明教授の監修の下、骨格の測定およびパフォーマンスの測定を実施した。その結果、理論の根幹となるタイプ別の骨格の違い、また、その違いに伴うパフォーマンスの変化も認められた。これらの結果は、スポーツパフォーマンス学会大会において学術的に報告された。

▲スポーツパフォーマンス研究センター　　▲検証結果を学術会議にて報告

［鴻江理論に基づく姿勢測定および諸動作の測定］

　光学式モーションキャプチャーシステム（Mac 3D）を用いて、身体各部位に貼付した70点のマーカーを基に各身体座標値を算出し、鴻江トレーナーが判別基準としている身体部位の左右差・前後差などの整合率を検証した。その結果、骨盤や背部（脊椎）の弯曲にタイプによる違いがあることが実証された。

▼タイプ別の骨盤のキャプチャー図

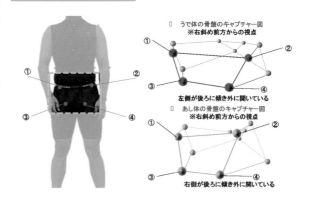

Ⓐ　うで体の骨盤のキャプチャー図
　　※右斜め前方からの視点
左側が後ろに傾き外に開いている

Ⓑ　あし体の骨盤のキャプチャー図
　　※右斜め前方からの視点
右側が後ろに傾き外に開いている

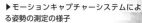

▶モーションキャプチャーシステムによ
る姿勢の測定の様子

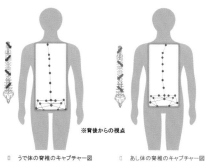

※背後からの視点

Ⅱ うで体の脊椎のキャプチャー図　　Ⅱ あし体の脊椎のキャプチャー図

◀タイプ別脊椎のキャプチャー図

［鴻江理論に基づいた運動処方によるパフォーマンスの測定］

　普段から運動習慣のある健常な成人男女計
10名を対象に、普段の走法に加え、タイプに応
じた走法、タイプとは異なる走法の計3種類を
ランダムに各2本ずつ計6本走ってもらいタイ
ムを比較検討した。その結果、5名の対象者が
理論に基づく"タイプに応じた走法"で最も速

いタイムを記録した（通常の走法と比較して
0.12±0.06秒の向上）。また、8名の対象者が
タイプとは異なる走法（例；うで体の対象者が
あし体走法で走った場合など）でのタイムが
最も遅いタイムを記録する結果となった（最
速タイムと比較して0.11±0.05秒の低下）。

▲うで体走法＝両手はグーでスタートは前側の腕を後ろ
に引く。腕は後ろに引き、足は後ろに蹴るイメージ

▲あし体走法＝両手はパーでスタートは前側の足から前
に出す。腕は体より前で振り、足は前に高く出すイメージ

［諸動作の測定2］

　光学式モーションキャプチャーシステム
（Mac3D）を用いて、身体各部位に貼付した70
点のマーカーを基に各身体座標値を算出し、
鴻江トレーナーが判別基準としている「その
場での足踏み時における動作」、「片足を上げ
る動作（①前方に上げる、②側方に上げる）」及
び「イスから起立する際の動作」について、タ
イプ別の動作的特徴を検証した。その結果、

「その場での足踏み時における動作」では、頭
部の左右への"ブレ"において、うで体は左側、
あし体は右側に、肩部の上下の動きにおいて
は、うで体は右肩部が上に上がる、あし体は左
肩部が上がるといった特徴がみられ、いずれ
も理論を支持する結果が得られた。「片足を上
げる動作（①前方に上げる、②側方に上げる）」
では、①②とも膝部の地上高の左右差におい

て、うで体は右膝部、あし体は左膝部が高くなる特徴があり、こちらも理論を支持する結果であった。とくに②側方への片足上げ動作において顕著であった。「イスから起立する際の動作」では、あし体と比較して、うで体と判別された対象者の多くが起立のための予備動作として前方に頭を動かし（上体を前傾させ）起立動作をおこなっていた。

▲片足を上げる動作の測定の様子　▲イスからの起立動作の測定の様子

［鴻江理論に基づいた運動処方によるパフォーマンスの測定2］

　鴻江理論による姿勢に応じた靴を選ぶこととランニングパフォーマンスの関係性を検証した。対象者は普段から運動習慣のある健常男性2名（対象者A：あし体、対象者B：うで体）であった。測定に用いた靴は、同一メーカーが製造しているドロップ率の高い靴（HD）と低い靴（LD）の2種類であった。疲労を考慮したスケジュールの下、1500m/8分間に設定したトレッドミルによるランニングを各靴で2本ずつ計4本実施。その際の動作を側方3mの位置からスポーツコーチングカムにて撮影し、動作の経時的変化を撮影。合わせてVASによる疲労に関する調査を試技後最大2時間後までおこない、主観的な疲労の変化も検討した。

　鴻江理論では、あし体はLD、うで体はHDがパフォーマンスの向上につながるとされている。本研究の結果では、重心位置の低下率（対象者A：HD11.7%、LD3.1%、対象者B：HD3.0%、LD5.0%）やピッチの低下率（対象者A：HD1.8%、LD7.1%、対象者B：HD4.8%、LD0.1%）などの動作に関するパラメータで理論を支持する結果が得られた。また疲労に関する調査では、処方と異なる靴を着用した場合「体の倦怠感」が長時間続く傾向がみられた。

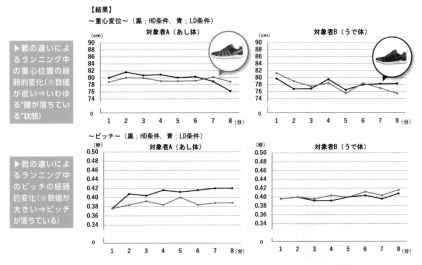

▶靴の違いによるランニング中の重心位置の経時的変化（※数値が低い⇒いわゆる"腰が落ちている"状態）

▶靴の違いによるランニング中のピッチの経時的変化（※数値が大きい⇒ピッチが落ちている）

【結果】
〜重心変位〜（黒；HD条件、青；LD条件）

対象者A（あし体）

対象者B（うで体）

〜ピッチ〜（黒；HD条件、青；LD条件）

対象者A（あし体）

対象者B（うで体）

測定に使用した靴（青：ドロップ率の低い靴＝LD、黒：ドロップ率の高い靴＝HD）※デサントジャパン（株）提供

2

右のうで体

1 引いて使ううで体

右のうで体投手
菅野智之(巨人)
〔その他〕松坂大輔(西武)／岸孝之(楽天)／美馬学(ロッテ)／石川柊太(ソフトバンク)／OB＝江川卓(元巨人)、桑田真澄(元巨人ほか)／野茂英雄(元近鉄ほか)／吉見一起(元中日)

上半身（腕）で動きをリードして下半身がつられて動くのがうで体です。投球、打撃、守備、走塁のすべてで、うで体は頭の位置が伸び上がるのはNGです。骨盤が閉じているほうの腰が強く、開いているほうの腰が弱い、という体の特徴をとらえると、より良

右のうで体はM字投げ。胸を開き→閉じ→開くという使い方で、左手（グラブ）で体をコントロールします。後ろでためた力を前に放出し、沈み込みで力を生みます

24

い体の使い方が見えてきます。

　うで体の右投手は左の腰が開いていて、体が開きやすい状態です。ですから強いほうの軸足に重心を残すことが重要になります。動作をスタートするときは主に手・腕から動き始めたり、手でタイミングをとったりすると、自然と全身が効率的に使える特徴があるので、手から始動して軸足に体重が乗るワインドアップがオススメです。

　レッグアップ時はグラブを体の中心よりも右サイドに置き、上げた膝は右足より二塁側に来るように体をひねっ

て軸足に重心が乗りやすい状態をつくります。

　体の左側をどうやって入れ込んで、どうやって戻すかが大事。並進移動中もグラブを高く上げて軸足に重心を長く残しながら、大きくテイクバックをとって力を入れ、上から投げ下ろすイメージでリリースします。

　左右の体重移動がうで体の特徴であり、高くて柔らかいマウンドを得意とします。うで体はつま先重心である以上、基本的に関節は曲げて使います。

"うで体""あし体"とは？

右のうで体

右のあし体

左のうで体

左のあし体

トレーニング＆ストレッチ

手（グラブ）から始動する

　ここからは右のうで体の投球動作を写真とともに解説していきます。うで体は左の骨盤が開いてかつ、後傾しているため、右投手は投げる方向に回っていきやすい特徴があります。そのため、軸足（右足）へのタメを生かして投げましょう。手でリードして軸足にしっかり体重を乗せられるワインドアップで始動が理想。猫背の特徴からつ

ま先重心が自然体なので、振りかぶったときに息を吐き、肩を落とすとリラックスして深いひねりがつくれます。

　ランナーがいてセットポジションになるときも、つま先重心、息を吐いて肩の力を抜き、手（グラブ）から始動しましょう。グラブを横にして左肘を体の外側に出すと軸足に体重を残しやすくなります。

［ワインドアップ］

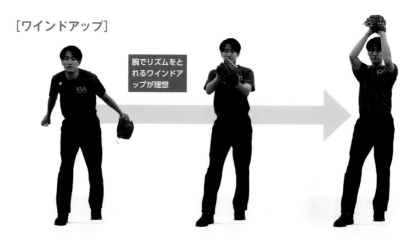

腕でリズムをとれるワインドアップが理想

［セットポジション］

グラブを横にして左肘は体の外に出す

Check.3 上げた足は二塁方向へ

　右側の腰が閉じて（前傾して）左側の腰が開いた（後傾した）状態のうで体の右投手は、投げる方向に骨盤が回っていきやすくなっています。投げる方向に体が回りやすいため、体の開きには注意しなければいけません。

　そこでうで体は下半身に力をためる際に、一度、上げた左膝の向きを二塁方向に誘導させる必要があり、それを

上半身でリードしておこないます。腕から始動するとスムーズに動き出せるのはそのためです。左足を絞りながら右足にかぶるようにひねって上げていきます。

　テイクバックで上体を大きくゆったり使いながら、下半身にタメができて使える体勢になるのを待っておく投げ方になっていきます。

うで体、あし体とは？

右のうで体

右のあし体

左のうで体

左のあし体

トレーニング＆ストレッチ

OK 上げた足を二塁側へ

上げた左足を二塁側に誘導することで体の開きを抑える

NG 足を真っすぐ上げる

足を真っすぐ上げるだけだと体の開きが早くなる恐れがある

左肩でラインを引く

鴻江理論でピッチングを考えるうえで、根本となる"ライン"について説明します。投手におけるラインとは、真っすぐに伸びる電車のレール、もしくはキャッチャーミットに向かって糸の線を引くようなものだと思ってください。投げる際にラインを適切に引けて体をそこに乗せられれば、投げるボールはその方向に進んでいきます。ただ、ラインの引き方が自分の体のタイプに合っていなければ、フォームの中でうまく体を使うことができません。

これまでに紹介してきた体の特徴から、右のうで体投手は左肩でラインを引くようにアドバイスしています。投球方向に腰が回っていきやすいので、左肩を閉じることで体の開きを抑えたいからです。レッグアップしたポジションで左肩から投げる方向に真っすぐなラインを引き、左肩がそのラインに乗るようにフォームを進めていきます。

体の開きを抑えるために左肩から投げる方向にラインを引く

2

"うで体""あし体"とは?

右のうで体

右のあし体

左のうで体

左のあし体

トレーニング&ストレッチ

Check.5 左のグラブで力をためる

前ページで紹介した通り、右投手のうで体は左肩からラインを引いて肩の開きを抑えて並進移動を進めていきます。そしてヘソ下の丹田を中心とした「軸」で投げにいきたいので、体の胸側に懐（＝リリースに向けて力を集める空間）をつくります。そこで意識したいのが「カベ」です。

カベと言うと、体が早く開かないようにするための体の使い方だとイメージしがちですが、鴻江理論で言う「カベ」は「体がそれより向こう側にいかないようにするための一枚の板のようなもの」だととらえてください。これを投球方向に平行になるように、うで体は背中側につくります。

うで体が背中側にカベをつくるのは、胸側に懐をつくりたいためで、並進移動中に上体が反ったり、体を回すときに左肩を背中側に引いたりしないようにするためです。その際、左肩の開きを抑えるため、グラブのポケットを捕手に見せるように腕を出して左肩の動きを抑え、さらなる力をためるためにリンゴの実をもぎとるように小指側からグラブを体に引き寄せます。伸ばしたグラブは胸前のライン上にあることで力がたまりコントロールがつけられます。小指で力を入れる横綴じのグラブが合うでしょう。

カベを背中側につくって体の開きを抑える

グラブのポケットは捕手側に

ここからは「足裏の重心位置の変化」について解説していきます。うで体は、左腰が右腰に比べて弱く投げる方向に開きやすいため、フォームを進めるうえでは右腰になるべく重心を残すことがカギになります。腕でタイミングをとるとスムーズに動き出せるのでワインドアップがオススメで、猫背で前屈気味の体の特徴からつま先に重心を置いて始動すると安定します。

そして、軸足に体重をしっかり乗せてテイクバックを大きくとるために、足の甲に力を入れることで体の内側の筋肉を使います。胸を張っていくと、自然と踵から土踏まず重心になっていきます。すると、ステップ足を踵から強く着地してからつま先へ重心移動していくことになり、結果としてステップ足に重心を乗せていくフォロースルーになります。つまり、足裏の重心移動は「右つま先→右土踏まず→左踵→左つま先」と推移していきます。懐を体の前側につくり、お腹を引っ込めながら投げるため、息を吐くことで上半身がリラックスして、自然と足に力がたまりやすくなります。

また、足の下ろし方にもポイントがあります。低くすり足のように踵から前に出しながら、踵で着地します。そのとき、足はインステップにならないように注意して、スクエアで着地します。

[重心移動] つま先に重心を置いたワインドアップから左脚を上げるときにつま先を背屈することで土踏まずから踵に重心が移動。強くステップしてつま先へと重心が向かっていく

Check.7 着地はスクエア

OK — 着地はスクエアで捕手方向にしっかりつま先を向ける

NG / **NG** — インステップしたり、アウトステップしたりしないように注意

[足の下ろし方] 足は低くすり足になるように動かして踵から着地。このとき、グラブはできるだけねじって捕手側にポケットを見せる

胸は捕手に見せない

　フィニッシュに向かっていく過程で気をつけたいのは、捕手に胸を見せないようにすることです。

　これまでにも書いてきたように、うで体の右投げ投手は左側に体が回りやすいため、体の開きを抑えることが大事です。早い段階で捕手に胸が見えてしまうと、それだけ体の開きが早くなってしまうので、できるだけ胸が捕手に見えない姿勢を保って投げるようにします。

OK

胸が捕手に見えないように投げる

NG

早い段階で捕手に胸が見えると体が開く

握りはVで深めに！

リリースではボールを人さし指側で押さえ込んでいきます。やや深めにグリップすると人さし指で調整しやすくなります。"真っスラ"するときは力があるボールが投げられているはずで、変化球は"横スラ"系が向いています。右打者のアウトコース低めの回転の利いたボールが最も特徴的です。

2

うで体・あし体とは？

右のうで体

右のあし体

左のうで体

左のあし体

トレーニング＆ストレッチ

Check.9 右足に重心をためる工夫〜① トルネード

　うで体の右投手といえば、メジャーリーグでも活躍した野茂英雄さんがいます。野茂さんのトルネード投法は、ワインドアップから上げた足を二塁方向にねじる投げ方で、うで体の特徴に合った投げ方と言えます。

　片足立ちになったとき、通常は右足の内側に重心を持っていきますが、トルネードの場合は右足の外側に力をためます。後ろから押すような形で重心移動していくのが特徴です。

右足に重心をためる工夫〜② ヒップローテーション

　ヒップローテーションは桑田真澄さんの投げ方です。その名の通り、足を上げたときにお尻を捕手側に完全に向けるのが特徴です。お尻の動きに特徴があるものの、うで体にとって大事な

のはあくまでも上半身です。上半身がしっかり締まっていれば、お尻が捕手方向に向く形になっても下半身はふらつきません。上体のねじれを使ってお尻を出していくのがポイントです。

33

これまでのチェックポイントを写真とともに復習していきましょう。

[腕主導。ワインドアップがオススメ]　　[グラブは横綴じ。左からラインを引く]

[上げた足は二塁方向]　　　　[捕手にグラブのポケットを見せる]

[捕手は胸を見せない]　　　　[着地はスクエア]

うで体の右投手まとめ

構　え	● 三塁側のプレートに立つ ● ボールはV字指で深めに握る ● グラブは横綴じで、右股関節の前で寝かせておく ● 息を吐き肩を落とし、つま先重心で左肩からラインを引く ● 両目で狙いを定める　● 目を切らない
始　動	● 手（グラブ）から始動
足の上げ方	● 腕からのタイミングで左足を二塁方向へ引き上げ、右股関節に力をためる ● 左足の甲に力を入れ、前側に懐をつくり、前側の筋肉を使う準備
並進移動	● 上げた左足甲に力を入れて左手グラブのポケットを捕手方向に見せながら並進移動。左の小指を中心にリンゴをもぎとるイメージでさらなる力をためるために、グラブを体に引き寄せて体の開きを抑える ● 左足は真っすぐ踵から着地し、左太ももで並進してきた力を受け止める ● 両腕は「M字」に使う
リリース	● 胸の前の大きな風船をつぶすように力を入れ、上から下へ叩くようにリリース
その他	● ホームから15mくらいの距離でコントロールを磨く ● 遠投で肩をつくる

引いて力を生むための準備方法

選　手	菅野智之（巨人）、石川柊太（ソフトバンク）、美馬学（ロッテ）	岸孝之（楽天）、松坂大輔（西武）、桑田真澄（元巨人ほか）
方　法	セットポジション	ワインドアップ

2 打者の体の使い方

Check.1 基本的な体の使い方をチェック

右のうで体打者
中村剛也(西武)
〔その他〕岡本和真
(巨人)／ビシエド
(中日)／杉本裕太
郎(オリックス)／
OB＝長嶋茂雄(元
巨人)／野村克也
(元南海ほか)／城
島健司(元ソフト
バンクほか)

　ここからは打者、バッティングについての体の使い方を考えていきましょう。猫背でつま先重心のうで体は、基本的に体の前側の丹田（ヘソの下）に向けて力を集めてくるような、遠い位置から引いてくる動きを得意とします。重い物を持つときの腕を引いてくる動きです。これをバッティング動作に当てはめると、トップからインパクトまでバットを引いてくる力で打球を飛ば

します。

うで体の特徴として左の腰が開きやすいので、足はオープンにつきたくなりがちです。これを予防するため、ややクローズにスタンスをとることで、左肩から真っすぐなラインを伸ばします。その状態からステップすると、自然と投手に対してスクエアにつくことができるはずです。

コック（左手首を親指側に折る動作）を使ってグリップエンドから最短距離でバットを下ろしてボールに入っていくと、ダウンブローになってきます。ピッチング同様、横に動く時間がほしいので、ダウンブローから入ってレベルに振っていきます。

真ん中→右→左の体重移動で打っていくのでステップ幅は広めになります。右足に重心が乗ったときには、右足の母指球から土踏まず付近で受け止め、体重移動を伴う右足の太ももの押し込みを左足の内側で受け止めます。その左足の内側のカベでしっかり踏ん張ることができたときに、力がたまる動きへとつながり、自然とバットのヘッドが返りはじめ、強いインパクトが実現できます。

後述するあし体がインパクトから押し込んで打っていくのに対して、うで体は後ろから引いてきてインパクトで終わりのイメージです。

Check.2 右手で傘を持つように

トップからインパクトに向けてバットを引いてくる力を発揮するために、右から左という体重移動を使いたいので、スタンスはやや広めに構えるようにします。スタンスが狭いと体重移動ができません。うで体は腕主導であり、下半身はどっしりしておくように左の膝を少し絞り込みます。左に体が回転しやすいという特徴があるため、スイングの際はアウトステップしやすくなります。そのため、ややクローズで構えておくと最終的にスクエアになるので良いでしょう。

バットは右手で傘を持つような感じで立てておきます。右肩前あたりにグリップを置き、右脇を開けて右肘を張りましょう。右脇を開けておくのは懐をつくって大きくテイクバックをとるためです。ヘッドが寝ていたり、内に入りすぎているのは NG です。

OK

スタンスはやや広め。グリップは右肩の前でバットは立てておく

NG スタンスが狭い

スタンスが狭いと体重移動をスムーズにできない

NG バットが寝る

バットが寝ていたり、内に入りすぎていたりすると、大きなテイクバックをとれない

"うで体""あし体"とは?

右のうで体

右のあし体

左のうで体

左のあし体

トレーニング＆ストレッチ

Check.3 グリップエンドをボールにぶつけるように

構えたら上半身を柔らかくしてタイミングをとりながら、できるだけバットを後ろに引いて距離をつくります。この動作によって、左足が引き上げられていきます。左足は高く上げず、すり足のように動かします。そして、バットはできるだけ最短距離を通るように動かし、小指でグリップエンドをボールにぶつけるようなイメージで振っていきます。このときに力むと体が開いてしまうので、8割くらいの力で柔らかく回すようにします。肘は曲げたまま、グリップエンドをボールにぶつける感覚でスイングします。

肩を柔らかく回して腰の力をボールに伝える

OK

バットを握るときはMP関節（＝拳部分）とPIP関節（指の第二関節）が揃うような形で握る

NG

写真は右手と左手のPIP関節が揃っているのでNG

Check.4 インパクト

構えで体の中央に重心がある状態から、右→左の重心移動でインパクトにいくので、ステップ幅は広めになります。右足に体重が乗ったときは、右足の母指球から土踏まず付近で受け止め、体重移動に伴う右足太ももからの押し込みを左足の内側で受け止めます。左足の内側で踏ん張り、カベをつくるこ

とで体が開くことなくヘッドが返って力強いインパクトが実現できます。

左右の体重移動で頭が投手側に移動していくので、インパクトゾーンは上からボールを見る形になります。打者本人の感覚では捕手側に引きつけて打っているようでも、実際に打つポイントは左足の内側あたりになります。

[正面から]

[横から]

Check.5 フォローは両手で回転

右→左の体重移動により、重心が低い姿勢のままフォロースルーをとります。体が伸び上がってしまうのは NG です。バットは体につられて回転してくる形になり、両手は最後までバットを握った状態です。

NG 両手が伸びる

うで体はインパクトまでの引く力が大事です。腕が伸び切ったところでインパクトになると力を十分に発揮できないので注意しましょう

NG 体が伸び上がる

インパクトの後に体が伸び上がってしまったり、手が離れてしまうフォロースルーになると力を伝えきれません

"うで体""あし体"とは？

右のうで体

右のあし体

左のうで体

左のあし体

トレーニング＆ストレッチ

Check.6 うで体の右打者まとめ

これまでのチェックポイントを写真とともに復習していきましょう。

[グリップはMP関節PIP関節を揃える]

[バットは傘を持つように]

[捕手側にバットを引いてテイクバック]

[グリップエンドからぶつけにいく]

[インパクトは左足の内側]

[フォローは両手]

2

うで体〝あし体〟とは？

右のうで体

右のあし体

左のうで体

左のあし体

トレーニング&ストレッチ

うで体の右打者まとめ

構　え	●クローズスタンス／●グリップは右肩の前 ●息を吐いて上半身をリラックス ●傘を持つように右脇を軽く空けて構える ●バットを真っすぐに立てたまま、グリップを動かしながらリズムをとる
テイクバック	●釣鐘を引くようにテイクバックをとり、左脇は絞る ●コックを使う／●左上半身（肩～腰）でラインをつくる
トップ	●肩の力を抜き、グリップを捕手方向に遠ざける
並進移動	●体重移動は真ん中→右→左／●軸は左右の2軸 ●左足の甲に力を入れ、懐をつくりながら体重移動する ●左足をつく位置は一定でなくてよい ●足はスクエアに着地 ●左足内側の壁にぶつけるように左手の小指でグリップを引いてくる ●ボールの最短距離を意識して振りにいく ●バットの軌道は上から下／●重心は低い位置を推移
インパクト	●インパクトの瞬間左手の甲がバットの面と考える ●左目で上から見る形 ●グリップエンドをボールにぶつけるイメージ ●ボールをとらえる位置は左足の内側 ●お腹で回る／●強く打つ／●両手を伸ばしきらない
フォロー	●両手

引いて力を生むための準備方法

選　手	岡本和真（巨人）	中村剛也（西武）
方　法	グリップを捕手側に引く	グリップを体につけておく

うで体の右打者のバントは
クローズドスタンス

うで体は左の腰が開きやすいという体の特徴がある
ため、クローズドスタンスがオススメです。オープン
スタンスで構えてしまうと、さらに体が開いてしまう
のでコントロールが難しくなってしまいます。

3 守備時の体の使い方

Check.1 足幅広め&低い姿勢

ここからは内野守備について話を進めていきましょう。基本的に内野手は一塁手を除いてすべて右投げなので、右のうで体、あし体を対象とした話になります。これまで紹介してきたように、うで体は左側の骨盤が開いて（後傾して）いるため、一塁に送球するときは、送球方向に腰が回っていきやすいのが特徴です。構えとしては足幅を広めにして低い姿勢で構えます。

同程度の守備力があるうで体とあし体の選手を二遊間に配置する場合、うで体は二塁手、あし体は遊撃手とする

ことをオススメします。

うで体は左の骨盤が開いているので、前進しながらの二ゴロの処理でも一塁送球がしやすく、深めの一二塁間、二遊間へのゴロで踏ん張って投げる動作にも適しています。

一方、あし体の場合、前進しながら一塁に投げるときに左腰のカベが邪魔になることがあり、踏ん張って投げるときには右腰が崩れてしまって投げ切れないことがあります。体の特徴を知っていれば、守備位置の配置にも好影響が考えられます。

[正面]

うで体の守備時は足幅が広めになり、上半身をゆったり構える

[横から]

10cmくらい

あし体と比べると構えの姿勢は引くめになる

44

2

〝うで体〟〝あし体〟とは？

右のうで体

右のあし体

左のうで体

左のあし体

トレーニング＆ストレッチ

Check.2 目線はボールの下

　うで体の内野手が打球に入っていく際、まずはグラブを打球のラインに入れることを意識し、最終的に正面に入って両手で捕る形をつくれると良いでしょう。

　捕球するポイントには直線的ではなく回り込んで入るほうが良いということです。つまり、捕ってから投げるまでの一連の動作は、打球への入り方によって決まってくるのです。

グラブを打球のラインに入れるようにボールへと入っていく

右足の位置を決める。目線はボールの底辺

グラブを打球のラインに入れるようにボールへと入っていく

足の重心の比重は右：左＝8：2

腰を落として、先にグラブを地面につける

45

Check.3 捕球から一塁送球。「M字」をつくる

捕球の際はグラブを早めに地面につけ、小指側から懐に引き上げてから中に収めていきます。うで体は下から上に入っていくイメージで割れをつくるときに「M字」をつくるのが理想。この使い方はピッチング、バッティングと同様です。左手の小指を中心に使うのがポイントで、それによってグラブを体の内側に向けてさばけるようになります。

こうした捕球動作の一連の流れによって、送球動作に移行する際にスムーズに右足に重心が乗っているはずです。そこからテイクバックをとり、投げる方向に真っすぐに左足を踵から踏み出し、グラブのポケットを送球方向に向けて腕を振り切ります。しっかり踏ん張って送球するタイプです。

グラブのポケットを目標に向ける左足は踵から着地

低い姿勢を保ちながら投げにいく

2

"うで体" "あし体" とは？

右のうで体

右のあし体

左のうで体

左のあし体

トレーニング＆ストレッチ

うで体の盗塁のベースタッチ

腕を引いて使うのが得意なうで体の野手は、相手の盗塁時にベースカバーに入るときは、ベースの前側に入って送球を受けると良いでしょう。ベースの前で捕って引いてタッグするほうがスムーズに動けます。

グラブを腰に置いたまま、右足を蹴り推進する

蹴った足を目標に向かって踏み出す

手首を下に向ける

グラブを小指側からりんごをもぎとるように胸に引き出せる

4 捕手の体の使い方

Check.1 捕手の捕球と送球。ミットは横向き

捕手の捕球から二塁への送球動作を考えていきましょう。まず、捕手が右投げであることを前提とすると、うで体は送球方向である左側の骨盤が開いて（後傾して）いて投げる方向に回っていきやすいため、強い送球をするには軸足への"タメ"としっかりした素早いテイクバックを必要とします。体の前側に懐をつくることで引く動きを用いたいので、前傾姿勢、低重心でプレーするのが基本となります。

つま先重心なので、両足のラインを揃えてミットを横向きに、体勢を低く構えます。キャッチングは左手の小指側を使ってミットを閉じ、引いて捕った勢いで左手を体に引き寄せるようにします。捕球ポイントを体に近くすることで次の動作につなげていきます。

送球に移行するときのポイントは、両足を揃えた構えの状態から捕球して、そのまま送球に移るのではなく、一歩横にズレて半身の体勢をつくります。

[正面から]

[横から]

腕→足→腕という動きになりますが、腕→足・腕くらいの感じで足は小さな動きになります。

　左の肩でラインをつくり、しっかり送球方向に向けます。そしてミットを小指側から送球方向に差し出せば、左足も開くことなく真っすぐにステップでき、そこから軸足にためた重心をステップ足に移し替えて腕を振り切ります。

　歩幅は広め、重心は低い位置のままスローイングすることを心がけましょう。ステップ足にしっかりと重心を乗せて投げ切ることができれば、人さし指で押し込むようなリリースになるのでスライダー回転が最も強い送球になります。炭谷銀仁朗選手（東北楽天ゴールデンイーグルス）、野村克也さん、城島健司さんがこのタイプです。

ショートバウンドのストップ

うで体の捕手がショートバウンドをストップするときは、膝を外に落とすようにして腰を落とすと素早くストップの姿勢に移れます。

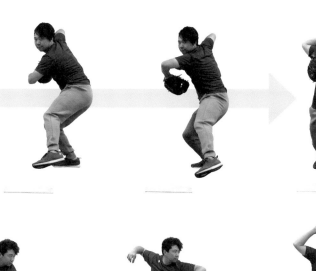

5 走塁時の体の使い方

手でタイミング→右軸でスタート

　腰は骨盤が前傾しているほうが強く使え、後傾しているほうに崩れていきやすい特徴があります。こうした点を前提として、盗塁のスタートの動きに着目し、タイプに合った走り方を確認していきます。

　うで体は骨盤が前傾している右側を軸にスタートを切っていきます。腕主導が得意なので、左手リズムをとりながらスタートのタイミングを計り、右足に重心が乗った瞬間に右肘を強く引き、右足で踏ん張り、左足が右足を追い越して走り出します。

　猫背気味で体の前側の丹田を中心とした力を生かして走るため、手は小指を中心に軽く握り、肘や足を後ろに引く力を利用します。できるだけ低い姿勢を保ち、引いた肘で背中側にある太鼓をたたくようなイメージで、腕を後ろに振ることを意識して走りましょう。足を低く動かし、踵から接地していく動きの中でストライドが広めになりま

膝は上がらず、後方へ流れる

これが一歩目

2

"うで体" "あし体" とは?

右のうで体

右のあし体

左のうで体

左のあし体

トレーニング&ストレッチ

す。

　アッパーが硬めのスパイクを履くと足の甲に力が入りやすくなり、体の前側に懐ができて丹田に力を入れやすくなります。スパイクは踵が高めのものを選びましょう。

　ちなみにうで体の周東佑京選手（福岡ソフトバンクホークス）の二盗時の歩数は10歩。1歩目で右足を軸に左足で大きく踏み出すため、うで体はあし体よりも歩数が1歩少なくなる傾向があります。

左足は右足のラインに

右足を追い越す左足は、右足のあるラインに入っていくとムダなく二塁ベースへと走っていくことができる。

Column 1

「M字投げ」と「W字投げ」

メジャーリーグでは投球フォームを表す用語として「M字投げ」「W字投げ」というものが使われ、そのどちらが良いかが議論されることがあります。これはステップ足が接地したとき、上体の前側（右投手なら三塁側）から見た両腕の形を表現するもので、現在は「W字」が主流になっているようです。これを鴻江理論で考えてみましょう。

「M字」はまさにうで体の特徴が表れたものです。体の前側の丹田を中心とした軸で投げにいくために肘から先に上がっていきます。逆にあし体は背中側の仙骨を中心とした軸で肩を回して投げにいくので、背筋を使って体を反らしていくときに手から上がってきて「W字」の局面が表れます。肘を中心に使う「M字型」は肘の故障、肩を中心に使う「W字型」は肩の故障に気をつけましょう。

現在、「W字」が主流になっているのは、それだけあし体の選手が増えているからでしょう。この傾向は日本のプロ野球でも同じです。生活様式の変化や硬いマウンドも原因だと考えられます。

メジャーリーグで起こった「フライボール革命」も、あし体の右打者に適したスイングで、多くの選手のタイプに合致したからこそ、広がりを見せたのだと思っています。右のうで体の場合、左が下がって開いているため、上から下にバットを使うのがスクエアラインで力が入ります。

右のあし体は逆でバットを下から上に使うのがスクエアラインで力が入ります（あし体の項目で解説）。アッパーブローで力が入る右のあし体にマッチしたからこその「フライボール革命」だと考えることができます。

いずれにしても自分の体の特徴に合った動きをすることが故障の予防にもパフォーマンスを最大化することにもつながります。技術に自分を当てはめるのではなく、自分に合った技術を身につけることが大切なことです。

うで体は肘が先に上がってM字になる

あし体は手から先に上がってW字になる

3

右のあし体

1 投手の体の使い方

Check.1 基本的な体の使い方をチェック

右のあし体投手
千賀滉大（ソフトバンク）
〔その他〕大谷翔平（エンゼルス）／東浜巨（ソフトバンク）／涌井秀章（楽天）／山本由伸（オリックス）／奥川恭伸（ヤクルト）／佐々木朗希（ロッテ）／増田達至（西武）／OB＝槙原寛己、上原浩治（元巨人）／黒木知宏（元ロッテ）

　あし体の投手は、下半身（足）で動きをリードして上半身がつられて動きます。あし体の右投手の場合、右の腰が開いていて、左の腰が閉じています。開きづらい左側が投球方向となるので、閉じている左腰をしっかり回して投げることが重要になります。そのため、右腰でためをつくりすぎず、ステップ足に重心をスムーズに移していきます。

54

うでば・あし体とは？

右のうで体

右のあし体

左のうで体

左のあし体

トレーニング＆ストレッチ

　軸足（右）に体重が乗りすぎないようにするために、ランナーを背負っていないときでもセットポジションがオススメです。振りかぶってもそれは準備にすぎず、左足を上げるところが大事です。

　動作のスタートは下半身。主に足から動き始めたり、足でタイミングをとったりすると効率的な動作が生じるタイプなので、右足の踵始動で軽く上げて足踏みする反動で左足を真っすぐに上げて始動します。

　グラブは立てて構え、左足は低めに上げて並進移動し、右足の蹴り上げによる地面反力の勢いでおこなうイメージです。グラブの甲側を投げる方向に差し出すようにして、左肩があまり高く上がらないように注意します。カベは体の前側にあるイメージですが、右手は右腰の横に置いたまま、リリースの瞬間に胸を張る準備として体の前に懐をつくります。

　そこからリリースへ力を発揮していくことで、手が先行して上がってきて腕が「W字」の状態をつくります。あし体は押して投げるのが特徴なので、左は回して右で押す。左と右の体を一瞬で入れ替えることで力を生みます。とくに右腰・右腕で押してくることが大事になります。

Check.2 ラインの引き方

　右のあし体の投手は、左の骨盤が閉じているため、投げる方向に骨盤が回りにくくなっています。投球前にサイドスローでキャッチボールをすると良いでしょう。

　腰が回りにくい分、肩をしっかり回したいので、腰は横回転、肩は縦回転となります。レッグアップしたときに左腰から投球方向に真っすぐにラインを引き、右膝で押し込みながら回りにくい腰をラインに乗せていきます。

　182cmを超える長身選手の場合は腰

でラインをつくるとストライクゾーンが高めにいってしまうので、左肩で高低（上下）のラインをつくってから、体の右半分で左右のストライクゾーンのラインをつくります。

　左右の肩と腰の４点でストライクゾーンをつくり、リリースする手がこのゾーンの中に入れば、大抵の場合ストライクゾーンにボールがいきます。右膝の押し込みが大事で、左足は［く］の字ステップとなります。

[正面から]

[横から]

56

Check.3 ポイントと軸

　ラインに沿って体を押し込んでいくための力を発揮する場所とも言える"ポイント"について考えていきます。

　回りにくい左腰からラインを引くあし体は、ややインステップする傾向があります。よって、軸足の伸び上がるような反力と背筋を利用します。グラブを持つ手を使って左肩を背中側に引きながら上体を回す力の伝え方をするため、軸足の膝の内側にポイントを置き、ライン上を下から上に跳ね上げるようにする感覚を持つと効率良く力を伝達していけるようです。

　あし体は背中側の仙骨から軸を伸ばします。左腰からラインを引いて左肩を回して投げにいくので、コンパクトにテイクバックをとり、体を絞り込むように保った力をリリースで体の外側に向けて開放していくイメージです。よって懐は背中側にできることになります。そして左腕と右腕は互いに遠ざかっていく関係になります。

　ちなみに、人間は成長の過程でうで体からあし体に変化していくため、うで体に近いタイプのあし体が存在します。そのタイプは左肩からラインを引き、真っすぐにステップするほうが合うようです。左手で壁を押す感じの力の入れ具合で並進移動し、左サイドの押さえ込みで力を生み出します。最終的にはキックバックでスピードを出すタイプもいます。

軸足膝の内側にポイント

01

02

軸は仙骨から伸ばす

01

02

　左の骨盤が閉じているあし体は、体の左サイドをふんだんに使って投げる意識を持つとうまくいきやすいと思います。足でタイミングをとるとスムーズに動き出せるため、セットポジションがオススメで、反り腰であることから、始動の際に踵に重心を寄せると安定します。

　顔を三塁側に向けるようにすると、踵重心で立ちやすくなります。クイックは踵からつま先に、右足踵を上げて始動すると、スムーズに重心移動がおこなえます。

　軸足に重心を乗せすぎる必要がないので、軽いテンポで並進移動を開始します。右足の踵始動で、歩くようなリズムで左足を上げます。足を上げる際に少し前傾姿勢となって踵からつま先重心に移動します。上げた足は下ろさずに投球方向に踏み出して母指球で着地。このとき、グラブは甲側から出してきます。ポイントである右膝で投げ

たい方向に押し込んでいくと肩が回ってきます。軸を仙骨から伸ばし、胸を張り、お腹を出すことで背筋が使えます。腰を「反り→丸め→反り」のイメージになります。最後は踵に重心を乗せながら前に進んでいきます。つまり、足裏の重心移動は「右踵→右つま先→左つま先→左踵」となります。

歩くようなリズムで左足を上げる

上げた左膝と左肘を「トン」と叩くとリズムが出やすい

足を上げるときは少し前傾姿勢でつま先重心に

母指球からの着地。このとき、グラブは甲が捕手方向を向く形となる

Check.5 「カベ」は胸側に

投げる方向（左側）の骨盤が閉じ、投げる方向に回りづらい右のあし体（反り腰型）は、左腰から「ライン」を引き、背筋を使って左肩を回して投げにいき、背中側の仙骨を中心とした「軸」を使うと紹介しました。つまり、あし体は体の背中側に懐（＝リリースに向けて力を集める空間）をつくりたいわけです。そのため、胸側に「カベ」をつくるようにします。

あし体は胸側にカベをつくって投げ

にいくと、背中側の懐に向かって押すように力を発揮し、グラブを立てやすくなると思います。並進移動中もグラブは体の近くに置いておき、グラブの甲側を捕手へ向けたところから、左肩を回す動作に伴って親指から背中側に回すようにします。胸を張って「W字」の形になります。並進移動を終え、リリース時、胸が閉じた状態では胸側にカベをつくることはできず、背筋の力が使いづらくなります。

OK 胸を張る

NG 胸を閉じる

インステップしても問題ない

　重心移動する際、あし体は右足踵からつま先に重心を移しながら並進移動し、左足はつま先からステップします（ステップ幅はうで体と比べて狭めです）。その際、左腰から引いたラインと重心の関係を考えると、ややインステップするのがあし体にとって自然な動きだと考えられます。

　多くの投手指導では軸足のくるぶしと投げる方向を結ぶ線上にステップすることがフラットだと言われています。右投げのうで体はそれに当てはまりますが、右投げのあし体は体の構造的にインステップしても問題ないタイプです。無理にインステップを矯正すると、パフォーマンスが発揮できなかったり、ひいては故障につながったりする恐れがあります。

　コンパクトなテイクバックで投げにいきます。そこから踵で回って背中側に懐をつくってリリースするので、腕は体の近いところから遠いところに向かって振られます。ボールは中指でボールを切るようにリリースするので、シュート回転するボールにキレが出ます。変化球はツーシーム系が操りやすいタイプです。

　あし体のストレートはボールの中心を中指でチョップしたポイントを起点に握ってみてください。いわゆるフォーシームと比べると、重心の位置の関係でシュート回転するような気がしますが、あし体の動きには適しており、中指を使って切るようにリリースできると思いますので試してみてください。

　あし体が通常のフォーシームの握りをすると、テイクバック時や体の横にきた際に手が体から離れてしまいがちになり、それを押さえ込もうとすると引っかけるボールが増えるはずです。肩、肘への負担にもなるので気をつけましょう。

右のあし体はインステップになってもOK

インステップを無理に矯正すると故障の恐れがある

あし体のストレートの握り

ボールの中心にチョップしたポイントを起点に、浅く握ってみましょう。フォーシームと比べるとシュート回転するように感じますが、あし体の動きには適しており、中指で切るようにリリースできるでしょう。

Check.7 バリエーション～①涌井秀章投手

あし体でもいろいろな投げ方をする投手がいます。ここでは涌井秀章投手（東北楽天ゴールデンイーグルス）の投げ方を紹介しましょう。

セットの姿勢から足も手も絞り込ん

で骨盤とグラブが一体化するような形から、グラブのポケットが進行方向に向いていき、並進移動していきます。そこから回転すると自然と手が上がってきます。

足を上げるときは少し前傾姿勢でつま先重心に

バリエーション～②東浜巨投手のワインドアップ

うで体は腕から動かしたいのでワインドアップが適しています。一方、あし体は足始動のほうが適していますが、ワインドアップから投球するケースも当然あります。東浜巨投手（福岡ソフトバンクホークス）や斉藤和巳さんの場合を例に出すと、ワインドアップで

あってもあし体の特徴を生かした投球をしていることがわかります。

振りかぶって腕から動かしても実際に投球に向けて始動するのは、腕がセットの位置に下りてきてからになっています。腕は動いても下半身はまったく動いていないのが特徴です。

グラブを下りてきたのを合図に始動していく

ワインドアップで投球がスタート

セットの位置までグラブが下りてくる

あし体の右投手まとめ

これまでのチェックポイントを写真とともに復習していきましょう。

［ボールはI字で浅めに握る］　　　　　　　［オープンスタンス］

［足踏みのリズムでレッグアップ］　　　　［グラブの甲を捕手に向ける］

［カベを胸側につくる］　　　　　　　　　［インステップになってもOK］

あし体の右投手まとめ

構　　え	● オープンスタンス ● ボールはⅠ字指で浅めに握る ● グラブは縦綴じで、立てて体の左側を絞り、力をためる ● 息を吸って胸を張った姿勢で左腰からラインを引く ● 左目で狙いを定める
始　　動	● その場で足踏みするように足から始動
足の上げ方	● 腕顔はサードを向き、膝頭を中心に足を高く、真っすぐ上げる ● 左足の上あたりに左肘がくる
並進移動	● 左腰を先行させ、左手グラブの甲をキャッチャー方向に向け、右膝の押しで体を先行させる。上半身は横向きを保ちながら並進移動。右手の甲は上向きにして体の近くに置いておく ● 左足はインステップ気味につま先から着地 ● 両腕は「W字」に使う ● グラブは高く上げない
リリース	● 背筋を使い、左足の内側に回転軸をつくり、左半身と右半身勢いよく入れ替える。下から上へ押し込んでリリース ● 右膝で捕手側へ押し込む ● 下から上に投げ上げる
その他	● バックホームや 50m くらいの距離を低く強い球を投げて肩をつくる ● コントロールや調子が上がらない場合は、マウンドの後ろの傾斜を使って投球練習をおこなう

押して力を生むための準備方法

選　手	千賀滉大（ソフトバンク）、大谷翔平（エンゼルス）、種市篤暉（ロッテ）	東浜巨（ソフトバンク）
方　法	セット／左腰でライン／大転子で引く	振りかぶる／右側でライン／右膝で押す

2 打者の体の使い方

基本的な体の使い方をチェック

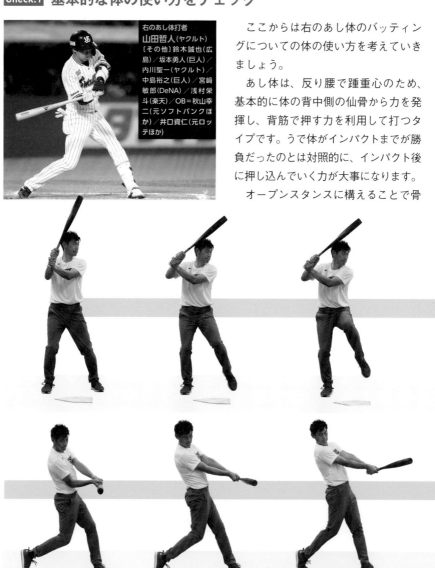

右のあし体打者
山田哲人(ヤクルト)
(その他)鈴木誠也(広島)／坂本勇人(巨人)／内川聖一(ヤクルト)／中島裕之(巨人)／宮崎敏郎(DeNA)／浅村栄斗(楽天)／OB＝秋山幸二(元ソフトバンクほか)／井口資仁(元ロッテほか)

　ここからは右のあし体のバッティングについての体の使い方を考えていきましょう。

　あし体は、反り腰で踵重心のため、基本的に体の背中側の仙骨から力を発揮し、背筋で押す力を利用して打つタイプです。うで体がインパクトまでが勝負だったのとは対照的に、インパクト後に押し込んでいく力が大事になります。

　オープンスタンスに構えることで骨

64

盤が投手に向かってスクエアの状態に
なります。

　歩幅は狭めで、そこからステップす
ると左の骨盤が閉じているため自然と
踏み込む傾向があります。あし体は踏
み込んでスイングしていくので、ベー
スから少し離れて立つと良いでしょう。
スタートは右足の踵を軽く上げたリズ
ムで左足を上げていきます。

　左足を上げたときも重心は右足の踵
のままで、踏み出していくときに右の
母指球に移り、着地した左の母指球、
踵へと体重移動していきます。手の動
きは考えず、右の太ももでボールを見
て右の太ももをボールにぶつける、手
を使わないイメージです。打ちにいく

ときはヘッドをぶつけにいきます。腕
を伸ばしてインパクトして、右の太も
も、右の手のひらで押し込んで打って
いきます。

　動作の大半が右足で体重を受け止め
た状態でおこなわれることになるので、
投球を捕手側から見ることになり、本
人の感覚としては投手寄りのポイント
で打っているような感覚になりがちで
す。しかし、実際は右足の内側あたり
のポイントで、感覚よりも引きつけて
打っていることになります。

　インパクト後の動きが大事なので、
バッティング練習は後ろからボールを
見ることができるロングトスがオスス
メです。

足踏み始動

あし体は左の骨盤がかぶっているため、ややオープンスタンスで構え、バットは顔の前あたりにグリップを置いて脇を絞ると、肘を伸ばしながら押す準備体勢になります。バットは浅めに握り、ヘッドは投手方向←→捕手方向に動かしながらリズムをとります。第1章で紹介したように、壁を押すときは体が壁と近いほうが力が入るタイプ

なので、体とバットは近い位置のほうが力を発揮できます。

そして、始動では右→左と足踏みしながらタイミングをとり、右踵を軽く上げて、下ろす拍子に左足を上げていきます。グリップは右手の中指を中心に、ヒンジ（手首の背屈－掌屈）を使ってテイクバックをとります。手の親指側を使います。

[構え]

オープンスタンス
で構える

バットは
顔の前あたり

[始動]

01

02

足踏みするような
リズム始動する

Check.3 右踵の押し込みで左足が上がる

あし体は足を使って踏み込んでいきたいので、ベースから少し離れて立ちます。遠目に立って近くに踏み込むというステップになります。左足は斜め前方に踏み込む形です。右足の踵をポ

ンと下げたリズムで始動し、左足を上げていきます。上げた足は踏み込んでいくため、その場で高く上げるイメージです。捕手側に引くように上げるのは NG です。

足はその場で高く上げる

捕手側に引いて上げると踏み出せない

上げた足はベースの近くに踏み込んでいく

\boxed{\textsf{Check.4}} インパクト＆アッパーで打つ

あし体が押す力を発揮するためには、壁を押すときと同様に、体の近い距離の中で打っていく必要があります。ヘッドを落とすイメージでバットを使い、ヘッドをボールにぶつける感覚で振っていくので、両手を伸ばしたインパクトになります。右足内太ももでボールを見て、右太ももをボールにぶつけていくようにすると、手は自然とついてきます。

右の骨盤が開いていて、左の骨盤が閉じているため、右足による押し込みが左の骨盤に跳ね返されて右足で体重を受け、反力を使うスイングになります。その角度によって、アッパー軌道で振るイメージになります。これがMLBのフライボール革命につながる（MLBはNPBよりもあし体の選手が多い）、右のあし体が得意とするスイング軌道です。

あし体はアッパー軌道に
なってもOK

68

Check.5 フォローは片手でOK

バットのヘッドは返さないように押し込む使い方になります。股関節に重心を乗せておけば左の骨盤が閉じているので、返すイメージがなくてもヘッドは自然に返ってきます。遠くに飛ばすためにインパクトから押し込んでいき、背筋を使って背中側に力を加えていく形になります。

こうした一連の動きの中で重心移動は右踵（構え）→右つま先（片足立位時）→左つま先（左足着地時）→左踵（インパクト時）と推移していきます。左の骨盤が閉じているため、両手フォローでは最後まで押し込んでいけないので、片手フォローになっても構いません。

フォローは
片手で

重心はつま先から踵へ移動する

 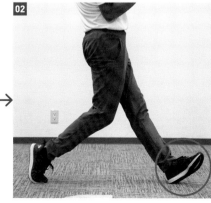

01 → 02

あし体の右打者まとめ

　これまでのチェックポイントを今度は正面からの写真で復習していきましょう。腰は「反って→丸めて→反る」

という動きになります。きわどいコースは振り切ることでファウルにできます。

構えは
オープンスタンス

足踏みのリズムで
左足を高く上げる

ベース側に
踏み込んで打ちにいく

右の太ももを
ぶつけるように

インパクト時の
両手は伸びる

最後は
踵に体重移動

あし体の右打者のバントは
オープンスタンス

あし体は左の骨盤がかぶっているという体の特徴があるため、クローズドスタンスで構えるとさらにかぶってしまって、体が動きません。そのため、オープンスタンスで構え、右の太ももに軸を持ってくると良いでしょう。

右打者のあし体まとめ

構　え	● オープンスタンス／● ベースから少し離れる ● グリップは顔の前／● 両手を絞って構える ● 足の動きを良くするため息を吸って胸を張って構える ● 足、またはバットのヘッドでリズムをとる
テイクバック	● 足踏みのリズムで左足を高く上げる／● ヒンジを使う ● 右太もも内側もしくは体の左側でラインをつくる
トップ	● 右脇を絞ってグリップは低い位置で押す体勢をつくる
並進移動	● 右足の体重移動は踵→つま先→踵／● 軸は右側の1軸 ● 右足の押し込みが左腰の壁に跳ね返されて右足体重 ● 左足を一定の位置へつま先から踏み込む ● 足はインステップで着地 ● 右の肩甲骨と右手の手のひらで右側から押しながら、右の太ももをボールにぶつけるイメージでインパクトに向かう ● バットのグリップを右脇付近から振りにいく ● バットはインサイドアウト
インパクト	● インパクトの瞬間は両手を伸ばし、右の手のひらをバットの面と考え背中で打球を押すことを意識する ● 捕手側から見る形／● ヘッドでボールにぶつけるイメージ ● ボールをとらえる位置は右足の内側 ● 背中で回る／● 遠くへ飛ばす
フォロー	● 片手

押して力を生むための準備方法

選　手	中島裕之（巨人）、 浅村栄斗（楽天）	山川穂高（西武）、 山田哲人（ヤクルト）
方　法	腕を絞り込んで構える／右の太ももでラインをつくる／ダウンアッパー／体の内側でボールをとらえる	振りかぶる／右側でライン／右膝で押す／左肩でラインをつくる／平行に回す／体の外側でボールをとらえる

3 守備時の体の使い方

Check.1 腰高でOK

あし体は、右肩上がりで右手が左手より上にきます。左の骨盤が前傾、右の骨盤が後傾しているので腰のラインは左上がり、ヘソは右を向きます。この特徴を踏まえたうえで、右投げの内野手がゴロを捕球して一塁に送球するシチュエーションについて話を進めていきます。

構えはうで体の選手と比べて歩幅は狭く、高めになります。あし体の選手は高い姿勢ですぐに起き上がれるほうが体はスムーズに動きます。よく守備練習のときに「腰を落とせ」とアドバイスをするコーチもいますが、腰を落としたほうがいいのはうで体で、あし体の選手は腰高になっても動きやすい姿勢で構えたほうが良いでしょう。

二遊間のどちらかを守るとしたら、あし体は遊撃手をオススメします。あし体は三遊間の前寄りに処理できる打球から二遊間寄りの打球まで動作の流れのまま投げることができますが、うで体は右足で踏ん張る動作が入ることでワンテンポ送球が遅れてしまうのです。三遊間から踏ん張って投げる場合はうで体のほうが適していますが、総合的に遊撃手はあし体のほうが適性に合っていると思われます。

[正面]

あし体の守備時の構えは足幅が狭くなる

[横から]

あし体はうで体と比べて構えの姿勢は高くなる

72

Check.2 左足でボールを止める

あし体はサッカーボールを止めるイメージで打球のラインに左足を入れていくことを意識すると良いでしょう。目線はボールの上側を見て、左足の位置に上体を前傾させながらグラブを落としていく捕球の形です。「下から上」にグラブを使ううで体に対し、あし体はグラブを落とすイメージです。そのとき、グラブを立てて親指を中心に使うことで体の左側でグラブをさばくことになり、自然な一塁方向への動作の流れが生み出せます。

打球のラインに左足を入れるように入っていく

Check.3 走り投げ

狭めの足幅で、やや腰高で上体を前傾させて捕球すると、その拍子に自然と上体が起き上がろうとするはずです。その動作によって右足にタメができ、そのまま歩くリズムで左足への体重移動によって送球することができます。開き気味のステップでスナップを利かせた走り投げになります。

捕球姿勢はあし体とうで体では違っ

てきますが、どちらが良いかではなく、それぞれのタイプに合った送球への流れで捕球することが大事。野手の暴投になるシーンを見ていると、投げ方そのものではなく、この打球への入り方に問題があることがほとんどです。野手のイップスの原因の多くもこの点に潜んでいます。

直線的に
ボールに入る

あし体の盗塁のベースタッチ

相手盗塁時のベースカバーについてもチェックしておきましょう。押す動きが得意なあし体の野手は、ベースの後ろ側で送球を受ける傾向があります。ベースの後ろで捕り、押してタッグするとスムーズなタッチができるでしょう。

インステップ気味
につま先から着地
し投げにいく

4 捕手の体の使い方

Check.1 左足でラインに入る

捕手は右投げであることが前提になるため、あし体は送球方向である左側の骨盤が閉じて（前傾して）いて、送球方向に回っていきづらい特徴があります。そのため、軸足への"タメ"やテイクバックより「前へ前へ」の推進力を生かす、押す力を利用したスローイングが可能になります。

構えは両足のラインを揃えると踵重心になり送球方向へのプレーにつなが

りにくいため、半歩から一足ほど左足を前方に出します。キャッチングは左足で投球のラインに入るようにし、親指でミットを閉じるようにして前に「捕りにいく」意識を持つと、反動で送球方向への推進力が生じます。両手で捕ると捕球ポイントが近くなり前へ向かう動作の妨げになるので、片手捕球でも差し支えありません。

スローイングへの移行のポイントも

グラブは縦向き

足で入っていく

左足で動きをリードしていくこと。その左足に右膝で押す力を利用して体全体で乗り込んでいくイメージでスローイングします。「足→腕→足」という動きになります。歩幅は狭めで自然と

上体が起きてくると、背筋の力を使って投げることができます。アウトステップして中指で切るようなリリースになるため、シュート回転する送球がベストです。

ショートバウンドのストップ

うで体の捕手がショートバウンドをストップするときは、内閉じにするようにして膝を落とすと素早くストップの姿勢に移れます。

5 走塁時の体の使い方

Check.1 あし体は左軸でスタート

あし体は骨盤が前傾している左側を軸にスタートを切っていきます。足で前後（カカト⇔母指球）に重心を移動させながらスタートのタイミングを計り、踵に重心が乗った瞬間に右足で1歩目を踏み出します。反り腰気味で強い背筋の力を使って走るため、手をパーに開くと親指が立ち、腕や足を前に押す力が生かされます。膝頭でボールを高く跳ね上げるようなイメージで、膝を高く上げて押して走りましょう。上下の動きがメインとなり、母指球で接地するため、ストライドは狭めです。

アッパーが軟らかいスパイクを選ぶと足の裏に力が入り、背中側の筋肉が使いやすくなるのでオススメです。踵が低めで軽めのものを選ぶようにしましょう。

あし体は足から動き出せるので左の踵に重心が乗った瞬間に、二塁に近い右足から一歩目を踏み出す

左足を軸に右足をラインに入れる

軸となる左足を二塁ベース上のラインに入れ、そのラインに右足を踏み出してスタートを切ると、ムダなく二塁ベースへと走っていくことができる。

これが一歩目

Column 2

腕を振る、足を高く上げるは両立できない

うで体、あし体の走塁のページで紹介したように、それぞれ得意な走り方は違います。

うで体は歩幅を大きく、すり足で腕を振って走ります。一方のあし体は歩幅は狭く、足を上に押すように高く上げて走ります。

体育の授業などの走り方の指導では「腕を振って足を高く上げろ」ということがありますが、これは正しいとは言えません。腕を振る走り方が合っているのは腕主導のうで体で、足を高く上げる走り方が合っているのはあし体です。つまり、腕を振って足を高く上げるという両方を起用にこなすことはできないのです。

これは鹿屋体育大学の研究でエビデンスがあります（P20〜参照）。うで体の人、あし体の人を集めて、①自分が好きな走り方、②うで体に適した腕を強く振る走り方、③あし体に適した足を高く上げる走り方。参加者にこの３つのパターンで走ってもらうという実験をしました。

３つの走り方でタイムが一番良かったのは、うで体は腕を振る走り方であし体は足を高く上げる走り方。つまり、体のタイプに適した走り方でした。二番目に良かったのは自分が好きな走り方で（普段の走り方）、最もタイムが悪かったのは、うで体の人が足を高く上げる走り方、あし体の人は腕を振る走り方という、自分に適したのとは逆の走り方をしたときでした。

こうした実験結果からも、いかに自分に適した走り方をすることが、大事かがわかると思います。走り方はすべての動きにつながります。

うで体は歩幅が広く腕を強く振って走る

あし体は歩幅が狭く足を高く上げて走る

4

左のうで体

1 投手の体の使い方

基本的な体の使い方をチェック

左のうで体投手
和田毅（ソフトバンク）
（その他）大野雄大（中日）／
石川雅規（ヤクルト）／宮城
大弥（オリックス）／辛島航
（楽天）／中川皓太（巨人）
OB＝工藤公康（元西武、ソ
フトバンクほか）

ここからは左利きの選手についての動きを紹介していきます。

うで体は左の骨盤が開いてかつ後傾していて、右側の腰が閉じてかつ前傾している猫背型、あし体はその逆で左の骨盤が閉じてかつ前傾していて、右の腰が開いてかつ後傾している反り腰型。この部分は右利きの場合と変わりません。

では、左のうで体は右のあし体の動

4

〝うで体〟〝あし体〟とは？

右のうで体

右のあし体

左のうで体

左のあし体

トレーニング＆ストレッチ

きが、左のあし体は右のうで体の動き
がそのまま当てはまるとかというと、
そうではありません。人間の体は肝臓
や横隔膜が左側よりも右側が重ためで、
かつ分厚いと言われており、元々、右
方向には体が回りにくくなっているか
らです。

　つまり、左投手の場合はうで体、あ
し体問わず体が回りにくい方向にボー
ルを投げることになります。右投手
よりも左投手のほうがシュート回転し
やすかったり、コントロールがアバウ
トなタイプが多かったりするのは、回
りにくい方向に体を回して投げなけれ
ばいけないからだと考えられます。

　この左のうで体は、野球をするうえ

では投手として一番難しいタイプと言
えるかもしれません。元々、右方向は
回転しづらいことに加えて、右腰が閉
じていて回りづらいタイプだからです。
このタイプの投手は横に動きつつ、回
りづらい体を回すという二つの体重移
動が必要になります。自分に合った投
球フォームを習得するまでには、一番
時間がかかるタイプです。

　しかし、打者目線でいうと、二つの
体重移動があることでクセがあるため、
打ちづらく感じることもあります。投
球フォームを極めるのが難しい一方で、
それを自分のものにすることができれ
ば長きにわたって活躍できる投手にな
れるタイプとも言えます。

Check.2 息を吐いてつま先重心

猫背で前屈み気味のうで体の場合、セットポジション時の立ち方は、息を吐いて肩を落とし、つま先に重心を置くと安定します。

左投げで投げる方向（右方向）に体が回っていきにくいうえに、右の骨盤が閉じてかつ前傾していて、さらに回りづらいので、投げる際には重心を前に前に進めていく必要があります。そのため、グラブを立てて体の右サイドに置くと、右足を上げた際に軸が体の右側にできた感じになり、その後の動きにつながります。

ラインを右の大転子あたりから真っ

すぐ引くためには、スタンスがややオープン気味になるはずです。腕で始動し、右膝を絞るように上げます。そのとき右のつま先を下げます。右膝を上げたとき、グラブを持つ右手の肘は右膝の内側に入れます。

ワインドアップのときはグラブの甲を捕手に向けるようにして、両腕の間からミットを見るようにします。胸を張るようにしてグラブが頭の後ろまでくるように振りかぶるのはNG。こうすると前への重心移動がしにくくなるので、投球方向に体が回りづらい、左のうで体の投手には適していません。

OK　NG

大転子

グラブを立ててオープンスタンスで少し前傾する

スクエアスタンスでグラブが寝ている

OK　NG

グラブは頭より前。両腕の間からミットを見る

グラブが頭の後ろまでくる

Check.3 大転子からラインづくり

　右に体が回りづらいので7対3くらいで右に重心を乗せるようにして構えます。右の大転子から肩にかけてラインをつくります。

　右目はずっとキャッチャーミットを見て、目線は常に狙いを定めて外さないようにします。投球方向（右側）の足首、膝、腰、肩からすべて平行な線が引かれている状態をつくっておくことが大事です。

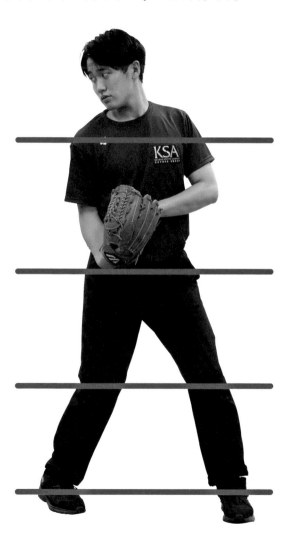

肩、腰、膝、足首から平行なラインが引かれている状態をつくる

"うで体" "あし体" とは？

右のうで体

右のあし体

左のうで体

左のあし体

トレーニング&ストレッチ

Check.4 大転子で引っ張る

うで体はスムーズに並進移動をスタートさせるために、まず、土踏まずに重心を置いて構えます。次にグラブを動かす動作で始動し、右足が引き上げられます。上げた右足はつま先を下げることで、つま先側に重心が移り、並進運動へと移ります（※背中側に重心が移らないように気をつけましょう）。並進移動はグラブのリードによって、右の大転子で引っ張るように、重心を投球方向に移動していきます。足は踵から投球方向に出していくと、力がたまり、打者に胸を見せない時間を長くつくることができます。

OK

レッグアップ時の
つま先は下向き

NG

つま先が上を向く

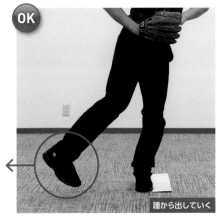

OK

踵から出していく

NG

つま先から出していく

4

うで体・あし体とは？

右のうで体

右のあし体

左のうで体

左のあし体

トレーニング＆ストレッチ

Check.5 グラブ側の腕で回していく

　並進移動が最も長いのが左のうで体です。グラブのポケットを捕手側に向け、とにかく胸を打者に向けない時間を長くつくります。最後の最後で、親指を中心にグラブを背中側に回していきながら強く骨盤を回旋させます。ただし、プロのように硬いマウンドではポケットを見せている時間がとれない場合があります。その場合は小指を起点にグラブの甲を打者に向けて並進移動をしながら、右足が着地したタイミングで親指に切り替え、上半身を回転させます。

逆側から見たグラブの位置

グラブと同じ方向に足が
動いていく

手のひらが上を向くように

背中側に回していく

87

Check.6 ボールを持つ手にはあまり力を入れない

うで体なので腕を使ったほうが良いタイプですが、使うのは右腕で左腕はほとんど使わないイメージを持っておきましょう。左手は脱力しつつも、リリースの際は自然と指先に力が加わることが理想です。

進行方向である右には一番動きづらいタイプであるため、左腕の動きが入った瞬間に重心が左に戻されてしまいます。ボールを持つ左手は脱力して体の近くに置いておけば、並進移動に伴って自然と肘が上がってくることで、手が遅れて出てきます。

手が遅れて出ても差し支えないタイプなので、脱力したままできるだけ低い位置にとどめておきましょう。遅れて出てきた左手は下から上に投げ上げるような動きになります。

左腕は脱力して低い位置をキープしている

4

'うで体''あし体'とは？

右のうで体

右のあし体

左のうで体

左のあし体

トレーニング&ストレッチ

Check.7 スピン量で勝負

右腕でリードしながら左腕はほとんど使わず並進移動していき、最後は踵からつま先とスクエアに着地していきます。左手は体の近いところからリリースに向けてどんどん遠ざかり、投球方向が閉じている骨盤に対しては内から外に力が加わっていく傾向が強いので、ボールはシュート握りが適していきます。

左のうで体は投球の際、骨盤の向きが横回転から縦回転に変わるように、他のタイプよりも一つ多くの作業をすることになります。進行方向に体が回りづらいため球速はあまり出ないものの、スピン量が多く初速と終速があまり変わらないタイプとなれます。

OK 着地は踵→つま先でスクエアに

NG インステップになってしまう

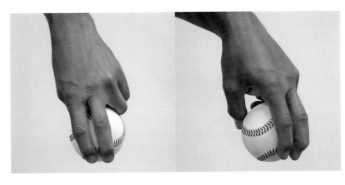

投球方向が閉じている骨盤に対しては内から外に力が加わっていく傾向が強いので、ボールはシュート握りがオススメ

89

うで体の左投手まとめ

これまでのチェックポイントを写真とともに復習していきましょう。

［オープンスタンスで一塁側に立つ］　　［体の右側でラインをつくる］

［ワインドアップ時のグラブは頭より前］　［踵から出していく］

［ボールを持つ手はあまり使わない］　　［グラブ側の腕で回していく］

うで体の左投手のポイントまとめ

構　え	●オープンスタンス／●プレートは一塁側に立つ ●グラブは縦綴じで右足に体重を乗せて右の股関節付近で立てておく ●息を吐いて肩を落とし、土踏まずに重心を置き大転子でラインを引く ●プロ選手には硬いマウンドでは右肩からラインを引くタイプもいる ●右目で狙いを定める（右上腕骨頭から大転子の間で自分に合ったラインを見つける） ●ボールの握りは指を揃えたシュート握り
始　動	●腕から始動
足の上げ方	●腕からのタイミングで右足を上げる ●右足の内側に右腕をおき、力をためる
並進移動	●右の踵から捕手方向に出す ●右手でライン上に体を引っ張るイメージで、右手グラブのポケットを捕手方向に向け（プロの硬いマウンドでは間に合わない場合あり）、横向きを保持しながら前へ前へ並進移動 ●左手は脱力して体の近くに置いておく ●右足は真っすぐ踵から着地しスクエアにステップ ●両腕は「M字」投げ
リリース	●大転子を中心に右手グラブをベルト付近回転させることで、左手が引き上げられる。 ●体の右半分だけを使うイメージで左右の体重移動と沈み込みむ意識が大事

引いて力を生むための準備方法

選　手	和田毅(ソフトバンク)、 辛島航(楽天)	榎田大樹(西武ほか)
方　法	ワインドアップ／腕をほどいたタイミングで並進移動開始／右肩でライン	セットポジション／腕をほどかずに並進移動／右大転子でライン

4

〝うで体〟〝あし体〟とは？

右のうで体

右のあし体

左のうで体

左のあし体

トレーニング＆ストレッチ

2 打者の体の使い方

Check.1 基本的な体の使い方をチェック

左のうで体打者
中村晃（ソフトバンク）
〔その他〕青木宣親（ヤクルト）／秋山翔吾（レッズ）／西川龍馬（広島）／楠本泰史（DeNA）／OB＝王貞治、高橋由伸（元巨人）／イチロー（元マリナーズほか）／

　ここからは左のうで体のバッティングの特徴について説明していきます。バッティングの前に餅つきをするときに杵を振る姿を想像してみてください。うで体の人は腕を大きく使いたいので、肘を曲げて上から大きく振り下ろして使うほうがやりやすいはずです。一方、あし体の人は肘を伸ばして手元だけで

ショート方向に打つようなイメージでスイング

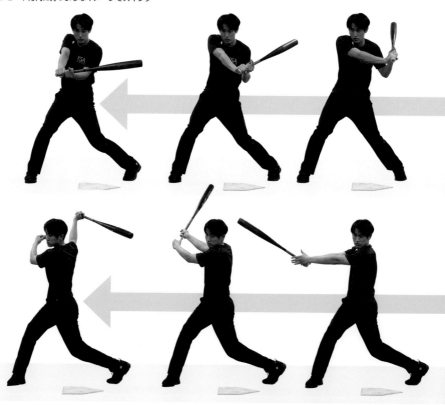

92

トントンついたほうがやりやすいのではないでしょうか。

バットの使い方もこの動きに共通する部分があります。うで体は腕を曲げて使いたいので、後ろで回してインパクトで終わり。あし体は腕を伸ばして打ちたいので、インパクトからグーっと押し込んでいきます。うで体は捕手側でしっかりためてインパクトまでが勝負。あし体はインパクトからフォローで押していくことが大事になります。

猫背でつま先重心のうで体は、基本的に体の前側の丹田（ヘソの下）に向けて力を集めてくるような、遠い位置

から引いてくる動くを得意とします。同じうで体の右打者との違いで頭に入れておかなければならないのは、体を回していく方向である右の骨盤が前傾していて、回りづらくなっていることです。

そのため、左足→右足への体重移動は、右足の外側までしっかりとおこなって体を回していく必要があります。大きな体重移動をおこなってスイングする分、グリップを引かなくても自然と距離ができ、レベルに近いスイング軌道になります。

"うで体・あし体"とは？

右のうで体

右のあし体

左のうで体

左のあし体

トレーニング&ストレッチ

Check.2 構えは少しオープン

　右腰が閉じているため構えは少しオープン気味でも良く、右腰から右肩の間で投手方向へラインを引きましょう。バットのヘッドはあまり動かさず、グリップエンドを起点に回すような動きでリズムをとり、上半身はリラックスして構えます。

　グリップは左肩の前あたりがスムーズにバットが出る位置になります。バットをかつぐようにして寝かせてしまうと、スムーズにバットが出てこなくなってしまいます。

バットをかつぐように構えるのはNG

グリップエンドで
タイミングをとる

少しオープン気味に構える。グリップエンドを起点に回してリズムをとる

4

うで体・あし体とは？

右のうで体

右のあし体

左のうで体

左のあし体

トレーニング＆ストレッチ

Check.3 ベース寄りにインステップ

　手のリズムで右足を上げ、右の大転子を投手にぶつけるように、右足をベース寄りに踏み込みます。右半身主導で、バットを引くように右足寄りに体重移動をおこない、目、肩、腰、膝、足首を平行に保つイメージで打ちにいきます。そのときになるべく投手に胸を向けないように粘ることが大切です。

大転子を
ぶつけにいく

インステップするように足を引いてきて、
バットはグリップエンドから入っていく

胸を見せない

右手の小指でグリップエンドをボールにぶつけるように

95

Check.4 右足に重心が乗ってからが勝負

　ステップ位置は一定で、体の前側の腹筋の力を使うため、ややインステップします。ただ、その後に強く体を回していかなければならないため、右足の母指球をついたら距離をはかります。つまり、右足の母指球をついたときには、上体はボールをとらえる準備ができてきています。泳がされそうなことがあっても、右の骨盤がかぶっているため、バットのヘッドに力が伝わり、三塁方向へ強い打球を飛ばすことができます。

　右→左→右の体重移動の中で打っていくので、ステップ幅は広め。右足を必ず一定の位置に踏み出すことが大事で、そこを軸に右半身の上体でヘッドをコントロールしてボールをとらえます。右足に重心が乗ってから、いかに粘れるかが重要です。早い段階で右足に軸を移してバットを合わせる状態をつくれるので、広角に打っていくことができます。ボールをとらえるポイントは、右足よりも投手側（右足の外側）になります。

OK

NG
重心が左に乗ってしまう

NG
手でこねてしまう

右足を軸にバットを合わせていく

4

"うで体""あし体"とは？

右のうで体

右のあし体

左のうで体

左のあし体

トレーニング&ストレッチ

Check.5 フィニッシュは片手

　グリップを引いている時間が長くレベルに
振ることになる分、低いライナーは打ちやす
いですが、ホームラン性の角度はつけづらい
と言えます。右の腰がかぶっているので、両
手でフィニッシュすると腰を痛める恐れがあ
り、片手フィニッシュが理想です。

　低いティーでヘッドを落としレフト方向へ
運ぶ練習や、フリーバッティングは、通常、
遊撃手の上をライナーで狙い、ライトポール
右にファウルボールを3球ほど打って、体
を回転させてから終了すると良いでしょう。

フィニッシュは片手になる

オススメ練習〜前に進む素振り

前に前にという体の動きを覚えるため、前に進んで
いく形での素振りを練習に取り入れてみましょう。

うで体の左打者まとめ

これまでのチェックポイントを写真とともに復習していきましょう。

[構えはややオープンスタンス]

[右足でラインをつくる]

[右足はインステップで踏み込んでいく]

[胸を投手に見せない]

[右足で軸をつくる]

[右手一本でフィニッシュ]

うで体の左打者のポイントまとめ

構　え	●オープンスタンス／●グリップは左肩の前 ●右手一本で円を描いてきて、収まるところで構える ●グリップエンドを動かしてリズムをとる
テイクバック	●右手の小指で引いてテイクバックを軽くとる ●コックを使う／●右腰から右肩、右側でラインをつくる
トップ	●肩の力を抜き、グリップは左肩の横あたりで、バットの重みを感じない位置に置く
並進移動	●体重移動は真ん中→右→左→右／●軸は左右の2軸 ●右足軸で振り出す形になる／●右足を必ず一定方向に踏み出す ●足はクローズスタンスで着地／●右足に重心を乗せて、右手で引く ●バットのヘッドを返さないイメージで振りにいく ●バットは上から平行／●右足を軽く上げた後は胸を投手に見せずに前へ前へと体重移動
インパクト	●インパクトの瞬間右手の甲がバットの面と考える ●右目で見る ●乗っけて運ぶイメージ ●ボールをとらえる位置は右足の外側（投手寄り） ●お腹に力を入れて右足母指球で回る ●右手がほとんどの動き出し。左手は添える程度
フォロー	●片手（右手）フォロー

引いて力を生むための準備方法

選　手	イチロー（元マリナーズほか）	王貞治(元巨人)、秋山翔吾(レッズ)
方　法	左足を高く上げない	左足を高く上げる

左のうで体のバント

左のうで体に適したバントの構えはオープンスタンスになります。クローズドスタンスで構えてしまうと、骨盤がかぶりすぎて動きが制限されてしまうのでインコースにボールがくると対処できません。オープンスタンスで構えて左足の太ももを軸にしてミートすると良いでしょう。

"うで体" "あし体" とは？

右のうで体

右のあし体

左のうで体

左のあし体

トレーニング＆ストレッチ

Column 3

ソフトボール日本代表金メダルの背景

東京2020オリンピックで金メダルを獲得したソフトボール日本代表チームのトレーナーを務めさせていただきました。

メンバー15人中、うで体7人、あし体8人とタイプの分類はできていました。

元々、選手たちはソフトボールの基本としてバッティングやピッチングを身につけていますが、教わった基本が自分の体のタイプと合っていない選手は、無理な動きをすることで疲労が溜まりやすかったり、ケガにつながったりということがありました。

そうしたなか、うで体の選手には「スタンスは広めで沈み込んで打つ」、あし体の選手には「スタンスは狭めで地面反力を使って打つ」というような、タイプに合った体の使い方を話し合い、体のタイプを生かした取り組みをしていきました。そのため、動作に無理がなくなり、選手たちはきつい練習をしていても、体が疲れなくなっていました。大会期間中もソフトボールは連日試合でハードな日程でしたが、選手たちの元気な姿が印象に残っている方も多いのではないでしょうか。

エースの上野由岐子選手とは、2007年2月のキャンプからの長い付き合いになります。彼女は2008年の北京オリンピックの後、左膝の半月板に故障を抱え、選手生命も危ぶまれていました。

あれから13年経って迎えた今回のオリンピックでは、半月板は完治し、すごく良い状態でした。これは自分のタイプ（上野選手はうで体）に合った体の使い方を覚えたことが要因ではないかと思われます。正しくないポジションで動けば疲労になりますが、正しいポジションで動けばトレーニングとなり、強化に変わります。それを積み重ねていった結果、膝の状態も回復していったのです。

決勝戦では一度マウンドを降りた後、体とフォームを修正しました。あの日はドロップが良く、それを多投すればするほど脇が開き始めて、前傾がなくなりお尻が落ちるようになっていました。一度マウンドを降りた後、ブルペンで修正。6回を後藤選手が投げてくれたことで、修正する時間ができ、最終回はさらなる進化を遂げたピッチングができたと思っています。

大会を通して上野選手とはイニングごとにフォームを修正、調整していきました。彼女はレジェンドでありながら、アドバイスに対しても「少しでも今より上にいくならやってみたい」という姿勢を持っています。そうした上野選手の姿勢がチーム全体に波及していったことも、金メダルという最高の結果につながった一つの要因ではないかと思います。

5

左のあし体

1 投手の体の使い方

Check.1 基本的な体の使い方をチェック

左のあし体投手
今永昇太(DeNA)
〔その他〕松井裕樹、早川隆久(楽天)／松葉貴大(中日)／OB=杉内俊哉(元巨人ほか)／石井弘寿(元ヤクルト)

　ここからは左のあし体タイプについて紹介していきます。これまで説明してきた通り、人間は臓器の関係で右側に体が回りにくい構造となっているため、左投手はうで体、あし体ともに投げる方向に体が回りにくいタイプです。

右肩でラインをつくりながら並進移動して、上から下に投げ下ろす形でリリースする

投げる方向である右の骨盤が開いて
かつ後傾しているあし体であっても、
前提として突っ込み気味に投げにいく
ほうがスムーズに投げられるというこ
とを頭に入れておきましょう。

　右のあし体同様、足からの始動を得
意とするタイプなので、腕から始動す
るワインドアップよりも、セットポジ
ションがオススメです。ランナーの有
無にかかわらず、セットポジションか
らの投球を磨いていったほうが良いで
しょう。

　反り腰タイプのあし体は背筋を使っ
て投げるので、踵重心になるように、
つま先を立てて足を上げます。このと
き、背中に重心が乗っても体がブレな
いように目線は一塁側に向けます。体
の基本的な動きとしては右肩でライン
をつくって、並進移動では左の股関節
で押していくだけです。最後は上から
下に投げ下ろすようにリリースし、体
の前側にあるカベの反力でグラブがV
の字を描くようなフィニッシュとなり
ます。

Check.2 地面を押してレッグアップ

　セットポジションで構えるとき、プレートは三塁側を踏むようにします。右の骨盤が開いているかつ後傾しているため、左右の骨盤の角度を投げる方法に対して真っすぐに向けるため、スタンスをクローズ気味にします。

　歩くリズムと一緒で右足から上げるというよりは、左足で地面を押して右足を上げる感覚です。右足を上げたとき、土踏まずにあった重心がつま先に移動し、懐（ふところ）をつくります。

　つま先を下げると上体が三塁側に倒れやすくバランスがとれません。目線は体がブレないように一塁側を見ながら上げるのがポイントです。

プレートは三塁側を
踏んでクローズ気味の
スタンスにする

OK　右足のつま先は上げるようにする

NG　右足のつま先が下がる

5

うで体・あし体とは

右のうで体

右のあし体

左のうで体

左のあし体

トレーニング&ストレッチ

[Check.3] 右肩でラインづくり

　右足を上げたときに軸足に重心を乗せるため、グラブは横向きにセットし、ラインは右肩から引きます。ラインを右肩から引くことで右肩を閉じて開きを抑えて投げるようにします。グラブは低い位置で甲が捕手側に向くようにします。

　グラブの甲を捕手に向け、左股関節で押していきます。

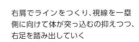

グラブの甲を
捕手に向ける

右肩でラインをつくり、視線を一塁
側に向けて体が突っ込むの抑えつつ、
右足を踏み出していく

105

Check.4 「W字」投げ

あし体は背中側の懐を使う動きで並進移動を進めていき、ステップ足はインステップで着地します。うで体のステップ後の回転が「横」だとすれば、あし体は「縦」をイメージすると良いでしょう。できるだけ左腕の力は抜いておき、グラブ側の腕は肩のラインより低い位置をキープします。左足でプレートを押すのではなく、左股関節の内側で押し込みながら、右肩でつくったラインが崩れないように、右のグラブの甲を捕手に向けながら並進移動。投球に入っていくときの両腕は「W」で使います。

`01`

`02`

`03`

投球に入っていくときの両腕は「W」になる

右足で横に倒れるように並進移動。グラブの腕は肩より低い位置をキープ

Check.5 反力で跳ね上がるフィニッシュ

並進移動したところから、カベを体の前側に意識し、背筋、左肩甲骨の後ろから押す力を使って投げにいきます（打者ほど背筋は意識しない）。右肩でラインをつくり、仙骨で回るため、着地は左足の踵から右足の母指球に重心が移っていき、右足はインステップに近い入り方をしていきます。

上から投げ下ろす投げ方になりますが、右側にカベがあるので投げ下ろした後、体が反力で跳ね上がるようなフィニッシュとなります。右のスパイクの内側がすれているのが良い使い方となります。

上から下へと投げ下ろして、最後は前に突っ込まず、反力で跳ね上がるような形でフィニッシュ

あし体の左投手まとめ

これまでのチェックポイントを写真とともに復習していきましょう。

［ボールはV字で深めに握る］

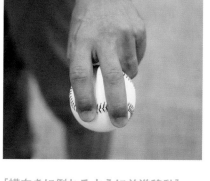

［目線は一塁側。真っすぐ足を上げる］

［横向きに倒れるように並進移動］

［右足はインステップ］

［両腕は「W」字投げ］

［上から投げ下ろす］

あし体の左投手のポイントまとめ

構　え	● クローズスタンス ● プレートは三塁側 ● ボールはV字指で深めに握る ● グラブは横綴じで体の中心で寝かせておく ● 息を吸って胸を張った姿勢で、右肩からラインを引く ● 両目で狙いを定める
始　動	● その場で足踏みするように足から始動
足の上げ方	● 顔は一塁側を向き、左足を地面に強く押しつける反動で右足を真っすぐ上げる
並進移動	● 右手グラブの甲を捕手方向へ見せ、左股関節の内側で押し込み体が横向きに倒れるように、つま先から踵に重心を移す ● 右足はインステップ気味に母指球で着地→右踵へと重心移動 ● 両腕は「W字」投げ
リリース	● 右肩のラインを意識しつつ、壁を押す背中を中心とした軸で体を回し、腕を上から下へ叩くようにリリース ● 左股関節の内側で捕手側に押し込む

押して力を生むための準備方法

選　手	今永昇太（DeNA）、 松井裕樹（楽天）	松葉貴大（中日）、 早川隆久（楽天）
方　法	上から投げ下ろす／背筋で押し込む	スリークォーター／左股関節で押し込む

2 打者の体の使い方

Check.1 基本的な体の使い方をチェック

左のあし体打者
柳田悠岐(ソフトバンク)
〔その他〕大谷翔平(エンゼルス)／近藤健介(日本ハム)／佐野恵太(DeNA)／栗山巧(西武)／上林誠知(ソフトバンク)／OB＝阿部慎之助(元巨人)／稲葉篤紀(元日本ハムほか)／松井秀喜、小笠原道大(元巨人ほか)

あし体は反り腰で踵重心のため、基本的に体の背中側の仙骨から力を発揮し、押す力を利用して打ちます。同じあし体でも右打者との違いは、ステップ足側の右の骨盤が開いていて左の骨盤が閉じているタイプです。

遠くに飛ばすホームラン打者が多く、フルスイングが特徴的です。左のうで

体はヘッドを返さないイメージで打っていくスタイルですが、右の骨盤が開いているあし体は、体の中でボールをとらえ、ヘッドを返すことでボールを遠くへ飛ばすことができます。

また、左のうで体は肩を横に回し、ボールをとらえますが、あし体は肩を縦に回転するため、ダウンアッパーとなりV字の起動を描き、ヘッドを返した形となります。

押して力を生むための準備方法

選　手	柳田悠岐、上林誠知(ソフトバンク)、大谷翔平(エンゼルス)	栗山巧(西武)、松井秀喜、小笠原道大(元巨人ほか)
方　法	腕を絞り込んで構える／ヘッドを背中側に入れる／右足を上に上げる／右足でライン／ステップ幅が狭い／V字の角度が小さい	腕を緩めて構える／ヘッドを前に出して構える／右足を捕手側に引く／左の内ももでライン／ステップ幅が広い／V字の角度が大きい

Check.2 構えでは足でリズムをとる

左のあし体の打者を見ていると、構えに入る前に三塁ベンチ側に両手でバットを差し出すようなルーティンをしている姿を見かけることがあります。これはボールをとらえるポイントが体の中にあることへの意識づけでしょう。

まず体の近くでバットを使いたいの

でベースの近くに立ちます。構えは左耳の横あたりにグリップを置き、ヒンジを使いやすいようにようにします。足でリズムをとると、ヘッドが自然と動いてきてタイミングをとりやすくなります。

バットを動かしてリズムをとるのではなく、足を動かしてリズムをとるようにする

Check.3 足の上げ方で体の開きを抑える

あし体は足で動きをリードしていくタイプです。足でリズムをとり、右足の力で上げるのではなく、左足を踏み込んだ拍子に右足を上げます。

右足は高く上げるのではなく、2ステップを踏んだり、ベースの上をつま先が通ったり、ノーステップでタイミングをとったりして、背筋で押す準備を右足でおこないます。ラインは右肩または左ももでつくります。

右肩が開かないように注意

左手でバットを引き上げ、右のつま先はホームベース上

右足の裏を投手側に向けるように足を上げると肩の開きを抑えられる

OK

01

02

インパクトで強く押す

うで体の左打者は体の外側でボールをとらえるイメージでしたが、あし体の左打者は体の中でボールをとらえる形となります。左右の体重移動ではなく、前後の体重移動で地面反力を生か

すタイプです。大谷翔平選手、柳田悠岐選手を見るとわかるように、背筋の力をふんだんに使い、左の1軸の形でとらえます。

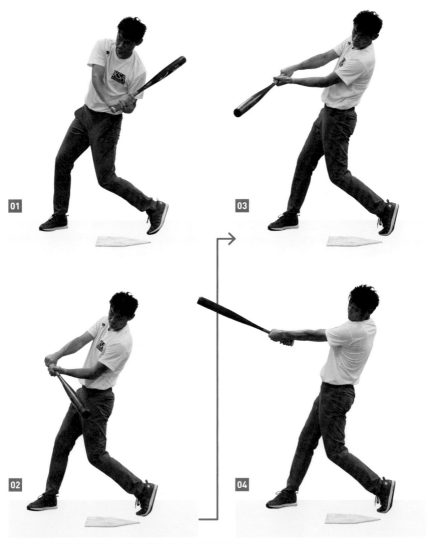

左足で地面の反発を使いながらインパクトは体に近いおへその前あたりで

Check.5 ダウンからアッパー。フォローは両手

バットの軌道は高い位置からヘッドを落としていきます。グリップエンドをダウンに描いて入りながらも、背筋を使ってインパクトで両手で押し込む際にヘッドを返しながらアッパーの軌道に転換します。バットの動きはV字の軌道となります。ホームランの角度が出やすい打ち方と言っていいでしょう。左手の押し込みを強く使うため、インパクトゾーンからヘッドが返る形になります。左手を返して右の開きを抑える必要があるため、フォローは両手の形になります。

01
02
03
04
05
06

グリップエンドはダウンで入りながらもアッパーの軌道へ

あし体の左打者のバリエーション

[大谷翔平のスイング]　　　　　　　　[稲葉篤紀のスイング]

左のあし体でも長距離砲タイプとバットコントロールに長けたタイプで
スイングは変わってきます。長距離砲タイプの代表格である大谷翔平選
手はバットを捕手方向にしっかり引いて使うのが特徴的

2000安打を達成し、首位打者、最多安打のタイト
ルを取った稲葉篤紀さんはバットコントロールに
長けたタイプ。ボールを投手側でとらえて、手首を
しっかり返す打ち方が特徴

Check.7 あし体の左打者まとめ

　これまでのチェックポイントを写真とともに復習していきましょう。

[足の上げ方で体の開きを抑える]　　　[インパクトで強く押す]

[ダウンからアッパー]　　　　　　　　[フォローは両手]

あし体の左打者のポイントまとめ

構　え	● ベースの近くに立つ／● グリップは左耳の前 ● 構えに入る前にバットを正面に向ける
テイクバック	● 左足の裏を地面に押しつける反動で右足を上げる ● ヒンジを使う ● 右肩または左太ももでラインをつくる
トップ	● バットを高い位置にもっていき、落としやすい態勢をつくる
並進移動	● 左足の体重移動は土踏まず→つま先→踵 ● 軸は左の1軸 ● 右足を着く位置は一定でなくてよい ● 足はオープンに着地 ● 左手の手のひらで左側から押しながら、左半分を右半分へ押し込むようにインパクトに向かう ● ヘッドでゴンと叩くイメージで上から落として押していく ● バットはダウンアッパーのVの字
インパクト	● インパクトの瞬間左の手のひらがバットの面と考え、背中ないし左肩甲骨裏で左中間に打球を押すことを意識する ● 両目で見る形／● ボールをとらえる位置はおへその前 ● ダウンからヘッドを返してアッパー軌道に ● 仙骨を中心に背中で回る／● 遠くへ飛ばす ● 両手を伸ばす
フォロー	● 両手

左のあし体のバント

左のあし体のバントの構えは、クローズドスタンスがやりやすいはずです。左の骨盤が開いているため、オープンスタンスで構えると体が開きすぎてしまいます。クローズドスタンスにすることで、目線がフラットになりバントがしやすくなります。

Column 4

"うで体"松坂大輔と"あし体"黒木知宏の投げ合い

松坂大輔投手とは 2002 年から、黒木知宏投手とは 2004 年から一緒に取り組んで参りました。

第 2 章でも紹介しているように、松坂投手はうで体タイプです。振りかぶって手の動きを大事にしていることは、その投球フォームを思い浮かべれば理解できると思います。

その松坂投手がルーキーだった 1999 年、当時の千葉ロッテマリーンズのエース・黒木投手と投げ合った 2 試合を覚えている方も多いのではないでしょうか。

4 月 21 日の試合は 2 対 0 でロッテが勝利。その 1 週間後の試合では 1 対 0 で西武が勝利しています。息詰まる投手戦のなか、2 人は自分が投げやすいマウンドをつくるための戦いも展開していました。松坂投手が穴を掘り、黒木投手が埋めるというせめぎ合いがあったのです。

『1999 年松坂大輔——歴史を刻んだ男たち』（2018 年、主婦の友社刊）の中で、両者はこんな言葉を残しています。

「黒木さんと投げ合う試合ではいつも、マウンドの土を埋めては掘って、掘っては埋めてを繰り返しましたね」（松坂）

「大輔は毎イニング、マウンドを掘っていました。だから僕は毎イニング、マウンドを埋めていました。彼の場合は突っ込んでいきた

いので斜めに着地、逆に僕は平らに着地したいタイプです。その着地がしっかりできるかで投球のバランスが変わってくる。僕と大輔はまったくタイプの違う投手なんです」（黒木）

この言葉を読んでピンとくる方もいるかもしれません。うで体の松坂投手に対して、黒木投手はあし体。黒木投手の言葉通り 2 人は「まったくタイプの違う投手」なのです。

松坂投手はうで体なので、上から下に力を伝える形を得意としています。そのため、マウンドの土を掘って沈み込んでフィニッシュしたいと考えていたのでしょう。一方の黒木投手はあし体タイプなので、下から上へ押し込んでリリースするような形を得意とします。つまり、マウンドが掘られていると、投げづらくなるので掘られた部分を埋めることを徹底していたということです。

両者ともに自分の特徴をしっかり理解していたため、こうした目に見えないような駆け引きが生まれ、20 年という時が経ってもそれが記憶に残っていたのだと思います。うで体とあし体の違いを象徴するエピソードと言えるでしょう。

6

トレーニング＆ストレッチ

1 うで体にオススメのトレーニング

うで体は、つま先に重心があるため、体の前面を使い、引くことで力を発揮するタイプです。ここでは、体の前面の強化および連動性アップのトレーニングメニューを紹介します。トレーニングの際も、基本的に腕から始動し、腕でタイミングをとりながらおこなうことが大切です。

Menu.1 V字腹筋（腹直筋の強化＆大腿四頭筋との連動性UP）

回数の目安
10～20回×3セット

やり方とポイント

まずは手足を伸ばした状態で仰向けに寝ます。そこから体をV字に曲げながら起こしていき、手でつま先をタッチします。その際、膝は曲げないように注意しましょう。足にボールをはさむなどしておこなうと、体幹をより強化することができます。腕から始動して上体を起こすとバランスの良いV字腹筋になります。

Menu.2 クロスクランチ
（内外腹斜筋の強化＆大腿四頭筋、内転筋の連動性UP）

回数の目安
10～20回×3セット

やり方とポイント

片方の手は上に伸ばし、もう片方の手はお腹に乗せて仰向けに寝た状態からスタート。腕から始動し、上体を起こしながら対角線の肘と膝をつけるようにして、しっかり体をねじることがポイント。肘が膝の外側に入るくらいが理想です。伸ばしたほうの足は曲がったり、上がったりしないように注意しましょう。内外腹斜筋の連動性が強化。左右両方やりましょう。

Menu.3 腕立て伏せ（ワイド＝大胸筋の強化）

[通常の腕立て伏せ]　　　　　　[ワイドの腕立て伏せ]

 →

▲手を肩幅よりも広くして深く下ろす

◀腕を大きく開いて大胸筋に負荷をかける

やり方とポイント

通常の腕立て伏せよりも腕を大きく開いておこなう、大胸筋を鍛えるための腕立て伏せです。下ろすときは負荷を感じながらゆっくり下ろし、上げるときは素早く上げるのがポイントです。

うで体・あし体とは？

右のうで体

右のあし体

左のうで体

左のあし体

トレーニング＆ストレッチ

Menu.4 アストロプランク（体幹の強化）

▲大の字になって低い
姿勢で静止する

01

02

03

やり方とポイント

手を大きく広げ、足も
大きく広げた状態がス
タートポジション。そ
の姿勢から下がれると
ころまで体を下げて、
一番低いところでキー
プします。

122

さらに使える体とばね？

右のうで体

右のあし体

左のうで体

左のあし体

トレーニング＆ストレッチ

回数の目安
20～50回×3セット

Menu.5 ファストスクワット
（大腿四頭筋の強化と下肢のアジリティの強化、連動性UP）

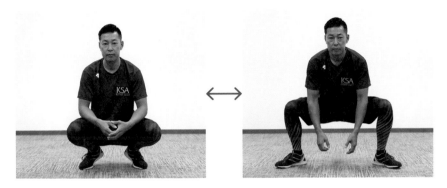

やり方とポイント

捕手の構えのような姿勢から、太ももと地面が平行になるような姿勢でキープ。再びスタートの姿勢に戻るという動きを素早く連続で繰り返します。

背中が曲がったり、お尻が上がったりせず、同じ姿勢で繰り返せるようにしましょう。上半身をリラックスさせ、タイミングをとると、バランスよくできます。

回数の目安
10～30回×3セット

Menu.6 サイドジャンプ
（大腿四頭筋の内側広筋と腓腹筋の内側広筋の強化と上半身と下半身の連動性UP）

やり方とポイント

上半身をゆったりとリズムよく腕を振りながら、片足でサイドにジャンプして着地。このと

き、壁をつくるように体を一度止めて、そのまま反対側へとサイドジャンプを繰り返します。

2 うで体にオススメのストレッチ

つま先に重心があるため、体の前面をよく使い、筋が収縮しやすく疲れます。そのため、その部位にアプローチするストレッチを紹介します。

Menu.1 前腕屈筋群のストレッチ

やり方とポイント

手のひらを上に向けて伸ばした手をもう一方の手で握り、指先を下に向けるようにして前腕屈筋群を伸ばします。当てた母指を支点に曲げることがポイントです。さらに小指側に回旋させることでより伸ばしていくことができます。大事なのは反動をつけないこと。伸ばした状態で20秒キープします。左右両方やりましょう。

Menu.2 左肩甲挙筋のストレッチ

▼真横ではなく少し前方に傾ける

やり方とポイント

うで体の人は右肩が下がって左肩が上がっているため、左の肩の上の筋肉が縮んでいるので、それを伸ばすストレッチが効果的です。反対の手で側頭部を持って傾け、真横ではなく少し前方に倒していくことで、左の肩と付け根が離れるためストレッチされます。メインは肩甲挙筋ですが、僧帽筋や胸鎖乳突筋などもストレッチできます。

Menu.3 大胸筋のストレッチ

うで体/あし体とは?

右のうで体

右のあし体

左のうで体

左のあし体

トレーニング&ストレッチ

やり方とポイント

うで体の人は猫背で体の前面が縮こまった状態なので、前面を中心にストレッチすることをオススメします。大胸筋は上部、中部、下部と繊維が三つあるので三つを分けてストレッチしていきます。左右どちらもおこないましょう。胸郭が伸びると投球の際の動きにも好影響が出てきます。

［大胸筋下部繊維］　手を斜め上について肩をグーっと入れていくと下部繊維が伸びる

［大胸筋中部繊維］　手を真横について肩をグーっと入れていくと中部繊維が伸びる

［大胸筋上部繊維］　手を斜め下について肩をグーっと入れていくと上部繊維が伸びる

腹筋のストレッチ

やり方とポイント

うで体の人は内側に力を使うため、体の前面が
収縮してしまうので、それを伸ばしていきます。
うつ伏せに寝た状態から腕を伸ばして上体を
少しずつ持ち上げることで腹筋を伸ばしてい

きます。このとき、下半身は動かさないように
しましょう。上がりきったところで顎を上げる
とさらに腹筋が伸びます。この状態をキープし
ます。

Menu.5 右大腿四頭筋のストレッチ

▲左足を伸ばし、右の膝を折りたたんだ状態がスタートポジション

やり方とポイント

うで体は前面が疲れやすいで大腿四頭筋
のストレッチは大事です。とくに左の骨盤
が下がり、右の骨盤が上がっているという
体の構造上、右の大腿四頭筋はより疲れや
すいです。やり方としては、まず左足を伸
ばして右足は鋭角に曲げます。このとき、
足首を底屈させます。このスタートポジシ
ョンから後ろに体を倒していきます。肘が
つくくらいまで倒れていき、そこから顎を
引いておへそを見るようにすると、骨盤が
後傾するのでよりストレッチされます。骨
盤を後傾させることがポイントです。

Menu.6 左ハムストリングのストレッチ

うで体・あし体とは？

右のうで体

右のあし体

左のうで体

左のあし体

トレーニング＆ストレッチ

やり方とポイント

左の骨盤が開いて後傾していて、左のハムストリングスが縮まりやすいのでストレッチをしていきます。左足を伸ばして、右足は曲げて足の裏を内ももにつけます。このとき、右足は床につけた状態をキープします。

そして右手で左足の母指をつかんで、股関節を屈曲させていきます。この状態を20秒キープします。つま先が前に倒れたり、膝が曲がったりすると効果が薄れてしまうので注意しましょう。

Menu.7 両内転筋のストレッチ

やり方とポイント

うで体は左右の壁を使って体を動かすので、内転筋の役割は非常に重要です。斜め45度くらいの位置に置いた台に足を乗せて股関節を前に傾けていきます。

自分の体は台の方向ではなく、正面やや右側に倒していくのがポイントです。そのときにつま先が一緒に前に倒れてこないように手を抑えると良いでしょう。

127

3 あし体にオススメのトレーニング

　あし体は、踵に重心があるため、体の後面を使い、押すこと、また地面反力を利用することで力を発揮します。ここでは体の後面の強化および連動性アップのトレーニングを紹介します。トレーニングの際も基本的に足から始動し足でタイミングをとりながらおこなうことが大切です。

**回数の目安
10〜20回×3セット**

Menu.1 スパイダーマン
（広背筋、脊柱起立筋、大殿筋、ハムストリングスの強化および下半身と上半身の連想性UP）

やり方とポイント

うつ伏せで両手、両足を開いた状態で同時に上げて、浮かせたところで約3秒キープします。これを繰り返します。両手・両足を一緒に上げて連動させることがポイントになります。

**回数の目安
30〜60秒×3セット**

Menu.2 バックプランク
（大殿筋、脊柱起立筋、広背筋、ハムストリングスの強化）

やり方とポイント

踵からお尻までを一直線にして、肩は地面から垂直になるようにします。お尻を上げた状態でキープし、肩から踵まで一直線になるようにします。大殿筋、脊柱起立筋、広背筋に力を入れ、ハムストリングや腓腹筋にもしっかり力を入れて姿勢を保ちます。疲れてくると力が抜けてお腹とお尻が下がってしまうので、しっかりキープしましょう。

うで体・あし体とは？

右のうで体

右のあし体

左のうで体

左のあし体

トレーニング＆ストレッチ

Menu.3 腕立て伏せ（ナロー＝上腕三頭筋の強化）

[通常の腕立て伏せ]

[ナローの腕立て伏せ]

回数の目安
10〜20回×3セット

やり方とポイント

手の幅はちょうど肩幅と同じくらいに開いて腕立て伏せをおこないます。通常の腕立て伏せよりも腕幅が狭く、上腕三頭筋を鍛えるのに効果的です。肘を後ろに引くようにして曲げてギリギリまで下ろし、元のポジションへと戻します。

129

Menu.4 アンクルジャンプ
（腓腹筋の強化と地面からの反力をもらう連動性の強化）

やり方とポイント

上半身の反動は使わないように固めて、膝ではなく足首で地面からの反力をもらってジャンプします。足首をバネのように使い、できるだけ前後や左右にはズレずに同じ場所でジャンプできるようにしましょう。膝が曲がると地面から反力を吸収してしまうのでNGです。

6

うで体・あし体とは？

右のうで体

右のあし体

左のうで体

左のあし体

トレーニング＆ストレッチ

Menu.5 ハイパワージャンプ
（腓腹筋の強化と地面からの反力をもらう連動性の強化）

やり方とポイント

あし体なので上半身は使わずに固定します。スクワットのようにしゃがみこんだ状態から体を反らせてMAXジャンプします。地面からの反力をしっかりもらいながら、ジャンプを繰り返していきます。反りを入れることで体の後面を使い、力を伝える感覚がイメージできるようになります。

Menu.6 ヒップリフト
（大殿筋、中殿筋、ハムストリングの強化と脊柱起立筋の連動性UP）

やり方とポイント

仰向けに寝た状態から膝を曲げます。その姿勢からお尻を上げていき5秒間キープします。曲げた膝の角度が鈍角になればなるほど負荷が大きくなります。筋力に応じて角度を変えると良いでしょう。タオルやボールなどを膝に挟むと力が逃げないようになります。

131

4 あし体にオススメのストレッチ

あし体は踵に重心があるため体の後面をよく使い、筋が収縮しやすく疲れます。そのため、その部位にアプローチするストレッチを紹介します。

Menu.1 前腕伸筋群のストレッチ

やり方とポイント

手の甲を上にして伸ばした手をもう一方の手で握り、拳を下に向けるようにして前腕伸筋群を伸ばします。そこからさらに小指側に回旋させることでより伸ばしていくことができます。腕橈骨筋など前腕伸筋群がストレッチされます。左右両方やりましょう。

Menu.2 左広背筋のストレッチ

やり方とポイント

あし体の人は左肩が上がり、広背筋が短縮しているため、とくに疲れがたまりやすいのでストレッチしていきます。左手を右肩の前くらいまで伸ばして、右手で左の手首を抑えます。そして頭をグーっと中に入れるように倒していくことで広背筋が伸びてきます。

Menu.3 脊柱起立筋のストレッチ

"うで体""あし体"とは？

右のうで体

右のあし体

左のうで体

左のあし体

トレーニング＆ストレッチ

やり方とポイント

まずは仰向けに寝た状態から両膝を曲げて両手で抱えます。膝を抱えた両手を胸に引きつけると脊柱起立筋を伸ばすことができます。続いては両手を広げた「T」の字の姿勢で仰向けに寝て、片方の膝を体にかぶせるように曲げていきます。膝が反対側の床につくように手で抑えることでストレッチされます。

Menu.4 左大腿四頭筋のストレッチ

▲こちらがスタートポジション

あし体は右の骨盤が下がっているという体の構造上、左の大腿四頭筋はより疲れやすいです。やり方としては、まず右足を伸ばして左足は鋭角に曲げます。このとき、足首を底屈させます。このスタートポジションから後ろに体を倒していきます。肘がつくくらいまで倒れていき、そこから顎を引いておへそを見るようにすると、骨盤が後傾するのでよりストレッチされます。骨盤を後傾させることがポイントです。

Menu.5 右ハムストリングのストレッチ

やり方とポイント

体の後ろ側の筋肉をよく使うあし体は体の構造上、右の腸骨が下がっているので右のハムストリングが縮まった状態になっています。ここを伸ばすことはとても大事です。右足を伸ばして、左足は曲げて、足の裏を内ももにつけます。

このとき、左足は床につけた状態をキープします。そして、左手で母指をつかんで股関節を屈曲させていき、20秒キープします。つま先が前に倒れたり、膝が曲がったりすると効果が薄れてしまうので注意しましょう。

134

Menu.6 下腿三頭筋のストレッチ

やり方とポイント

腓腹筋やヒラメ筋が下腿三頭筋になります。壁に足の指をつけて、膝を伸ばした状態のまま、グーっと前に押していきます。踵から膝を越え て大腿骨についている腓腹筋は二関節筋といって関節をまたいでいるので、膝関節をしっかり伸ばさないとストレッチができません。

Menu.7 大殿筋・中殿筋のストレッチ

[大殿筋]

[中殿筋]

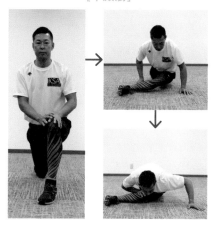

やり方とポイント

片足だけ曲げて抱えます。抱えた足(写真は左)の膝を反対(写真では右)の脇のほうに引き寄せるようにして大殿筋をストレッチします。左右両方やりましょう。

やり方とポイント

膝立ち姿勢から膝が90度に曲がるように前に出します。前の膝と後ろの膝が一直線になるように体を倒していくと中殿筋がストレッチされます。左右両方やりましょう。

5 うで体・あし体共通トレーニング

ここまでうで体、あし体それぞれに適したトレーニングとストレッチを紹介しました。ここではどちらのタイプにも共通してオススメするトレーニングを紹介します。

[羽ばたき]

肩甲骨の可動域を上げるトレーニング。ダンベルやペットボトルを両手に持ち、足は肩幅より少し開いて股関節を曲げていく。背中と地面が平行になるまで曲げて重りを持った手は真下に下ろす。そこからサイドに両手を上げる。腕の力ではなく、肩甲骨を背中に寄せるようにして上げるのがポイント。

[棘下筋、小円筋のインナートレーニング]

ゴムチューブを柱などに結び、肘を90度に曲げて体につけた状態でゴムチューブを握る。ここから柱側に45度、反対側に60度、手を水平に動かす。肘は体から離さないようにするのが大事。左右両方やること。

[肩甲下筋のインナートレーニング]

柱に結んだゴムチューブを手の甲を上に向けた状態で握る。ゴムチューブを握った手は90度に曲げて、肘は体につける。この姿勢から柱側に45度、反対側に45度、手を水平に動かす。左右両方やること。

[棘上筋のインナートレーニング]

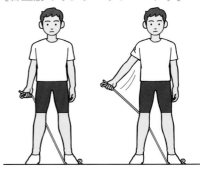

左足でゴムチューブを踏み、右足の裏を通し、手のひらを正面に向けた状態で握る。肩のラインと縦のラインの30〜45度の方向に、約30度上げるようにする。親指は上に向けるように。反対側をやるときはセットの仕方が逆になる。

Column 5

うで体とあし体にはそれぞれ特徴があることはご理解いただけだと思います。自分のタイプに合った体の動かし方があるように、体に合った衣類や道具があることも覚えておきましょう。

うで体の場合、腕は外側から内側に使うため、グラブは小指を使いやすい、横綴じのものがオススメです。外側が分厚く、内側が柔らかく薄い感じであれば、自然と小指を巻き込むように使えます。

一方、あし体は内側から外側に腕を使いたいので、内側が分厚くて外側が薄い、親指に力が入りやすい縦綴じのものがオススメです。

スパイクにも特徴が表れます。うで体はつま先重心が得意なので、踵が高めで外側アッパーが固く、厚手のものが良いでしょう。逆にあし体は踵重心なので体重をかけやすいように、足底がフラットなもので、外側アッパーが薄く、足を上げやすいように軽めが良いでしょう。

アンダーシャツやパンツも同じです。上半身を使いたいうで体は、腕が動きやすいように体を締め付けないアンダーシャツ、逆に下半身はどっしりパワーを生むのでパンツはフィット感があるもの。あし体は下半身を主に使うので、パンツはゆとりのあるものを使用し、アンダーシャツはフィット感のあるパワーシャツ系が良いでしょう。

帽子もタイプによって理想は違います。うで体は猫背型なので、帽子かぶっても前をしっかり見られるように、軽めのものを浅くかぶります。そうすると顎が引きやすくなります。重たい帽子を深くかぶってしまうと、前を見るときに顎が上がってしまうので NG です。あし体は反り腰タイプなので、重めの帽子を深くかぶると前方向に力を発揮しやすくなります。

うで体の道具の選び方

- グラブ＝小指側で閉じる（横綴じ）
- スパイク＝踵が高め、甲とサイドが厚め、多少重ためのものが良い
- アンダーシャツ＝体を締め付けないもの
- パンツ＝フィット感のあるもの、下半身を固定しやすいもの
- 帽子＝軽め、メッシュ素材など

あし体の道具の選び方

- グラブ＝親指側で閉じるもの（縦綴じ）
- スパイク＝足底がフラット、甲が柔らかめ、軽めのもの
- アンダーシャツ＝体を締め付けるパワーシャツ系
- パンツ＝ゆとりを感じるもの。ストレッチが効くもの
- 帽子＝重め、ニット素材など

「コウノエベルト」で動きをサポート

骨盤や関節が正しく機能すれば、パフォーマンスアップにつながります。逆に間違った使い方をするとケガや関節の慢性的な痛みを引き起こす危険があります。そこで骨盤、肩、肘、手首、膝、足首の緩みやすい部分を整える「コウノエベルト」を開発しました。

関節が本来のポジションにない状態だと、一緒に動いているつもりでも、緩んでいる部分が遅れて動いてしまい、そうしたズレが痛みにつながっていきます。逆に本来のスピードと同時に動けば、筋肉が引き締められるようにな

っていきます。筋肉のバランスが悪ければ疲労やケガになりますが、良ければトレーニングとなり、強化につながってきます。幹を整えることで枝葉も整うということです。

骨盤のベルトはうで体は骨盤開いてる左側から締め、あし体は右側から締める

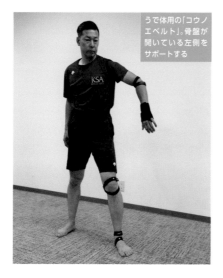

うで体用の「コウノエベルト」。骨盤が開いている左側をサポートする

あし体用の「コウノエベルト」。骨盤が開いている右側をサポートする

ベルトがあることで抜群のフィット感を生み出すコウノエベルトスパイク。

足元から正しいフォームをサポートする「コウノエパワーインソール」

古来より日本人は鼻緒のついた履物を履いていたため、鼻緒を親指と人さし指の間でつかむことで、自然ときれいな足裏の3つのアーチが生まれていました。この発想を取り入れたコウノエパワーインソールを使用すると、スポーツシーンや日常生活からでも、同様の効果をもたらすことが期待でき、自然と足裏からバランス感覚が養われていきます。

教えて 鴻江先生!

少年野球の保護者の方からよくある質問にお答えします

Q₁ 調子がいい日と悪い日の差がある投手がいます。それはメンタルの問題でしょうか？

A₁ うで体は筋力を使いすぎない。あし体は筋トレをおこなう

うで体の選手は、筋力を使いすぎないように、試合3日前から投げ込みをおこなわないようにしてみましょう。また、試合前日はバッティング練習も控えたほうが良いでしょう。投げる前日にバッティング練習をおこなうと、投球時の粘りやすいしなりがなくなっていします。ただし、

うで体の選手でも筋肉に張りがないと投げられないというタイプの場合は、例外です。一方、あし体の選手は前日に筋力トレーニングをおこなって、体に芯をつくるようにしましょう。両方のタイプともにダウンで短距離ダッシュをして体を整えるのは効果的です。

Q₂ 立ち上がりが悪い投手や急にコントロールが悪くなる投手がいるのは何が原因でしょうか？

A₂ ラインのつくり方に問題がある

投げ込みでコントロールを体で覚えるだけではなく、ラインのつくり方を覚えることが大事です。各章で説明しているように、うで体、あし体、それぞれにラインのつくり方があります。

自分のタイプに合ったラインのつくり方を理解しておくと、突然コントロールが悪くなることは少なくなると思います。また、力を入れる場所もしっかり理解しましょう。

Q₃ イップスは治りますか？

A₃ 治ります

体の使い方を理解すればイップスは治ります。うで体の場合は左の小指を使って引いて投げる意識を強く持つこと。イップスになる選手はあし体

の選手に多い傾向がありますが、足を使って押し込んで投げる（目標に向かって足を誘導する）ことを意識して投げれば改善されていくと思います。

Q₄ 一塁牽制が遅い右投手にはどんな原因がありますか？

A₄ 体の特性を使えていない

これまでに紹介してきたように、それぞれ体の回りやすい向きと、そうではない向きがあります。体タイプの特性を使って投げることで体の回転が速くなり、牽

制も速くなります。うで体は腕をほどいて肩で強く回り、あし体は左足で地面を蹴って、そのまま一塁方向へ左足を素早く踏み出す形で牽制してみましょう。

139

おわりに

「うで体」、「あし体」の特性から体の使い方を左右で分けて説明してきました。投球、打撃、守備、走塁、すべての場面で、「うで体」は引く、腕始動、M字、つま先重心、腹筋を使うなどの特徴があり、「あし体」には押す、足始動、W字、踵重心、背筋を使うなどといった特徴がありました。それぞれの特性をご理解いただけたでしょうか。

「うで体」は猫背型の特性を生かすことで、「あし体」は反り腰型の特性を生かすことで、最大限のパフォーマンスを発揮でき、さらにケガを防止できることでしょう。

最後に伝えておきたいのは、まずは基本をしっかり学んでほしいということです。

読者の皆さんには、それぞれ指導者の方がいて、野球の基本を教えてくれると思います。監督やコーチ、あるいは先輩、親、兄弟が教えてくれた基本を大切に、ベースをつくっていくことが最初にやるべきことです。基本を知らずに最初から自己流でやっていては、上達は望めません。

まずは基本を徹底的に理解したうえで、「自分は『うで体』だから腕から始動する」、「『あし体』だから足から動かしたほうがいい」「『あし体』だから押して力を使ったほうがいい」……という具合に、特性を生かしていくと良いでしょう。

基本を学んで、その次に自分の体の特性を知る。うまくいかなかったことは決して遠回りではなく、本来の自分を知るための早道なのかもしれません。自信をもって取り組みましょう。

最後になりますが、この本を書き終えるにあたり、感謝の想いを伝えたい人物がいます。2021 年限りで引退することになった松坂大輔投手です。

　現在プロの世界でトレーナーとして活動できているのは、松坂投手の存在が大きかったと思います。

　2002 年に彼と出会い、専属契約を結ばせてもらい、プロとしての一流選手の取り組みや立ち振る舞いを目の当たりにし、プロのピッチャーとして打者に向かっていく姿勢やそこから生み出される魂が込められたボールの凄さは、想像を絶する衝撃的なものでした。

　アテネオリンピック、第 1 回、第 2 回 WBC（ワールドベースボールクラシック）での世界一、ボストン・レッドソックスでのワールドチャンピオンなど、その武器で世界の大柄な選手やメジャーリーガーに立ち向かう姿は感動的でした。世界を共に戦うことができたことに、心から感謝しております。

　今回、こうして野球の書籍を出版させてもらうことになったその年に、野球界の至宝である松坂投手が引退するというのは、寂しさとともに深い縁を感じずにはいられません。

　最後に、敢えて『大ちゃん』と呼ばせてもらいますが、大ちゃん、長い間大変お疲れ様でした。野球界は誰もが大ちゃんに憧れ、親しみを感じていましたね。良いときも苦しいときも共に戦うことができ本当に幸せな時間でした。大ちゃん本当にありがとう。心より感謝いたします。

鴻江 寿治

[著 者]

鴻江 寿治 (こうのえ・ひさお)

1966年福岡県生まれ。鴻江理論として人間を猫背型の「うで体」と反り腰型の「あし体」のふたつのタイプに分けた体の使い方を確立。モットーは「世界で勝つ」。ファイナンシャルプランナー国際ライセンスCFPを持ち、野球（メジャーリーガーを含む）、ソフトボール、ゴルフ、バレーボール、陸上、サッカー、相撲、格闘技などさまざまなトップアスリートを多角面からサポート。東京2020オリンピックでは、野球、ソフトボール日本代表チームのトレーナーとして戦い、過去にはWBC第1回、第2回日本代表チームをはじめ、アテネ、トリノ、北京など数々の夏冬オリンピックで日本代表チームのパーソナルトレーナーとして帯同した。

緒方 剛

古賀 数洋

村上 光平

繁昌 聖人

鴻江スポーツアカデミー Face book

野球タイプ別　鴻江理論
引いて使ううで体　押して使うあし体

2021 年 11 月 30 日　第 1 版第 1 刷発行

著　　　者　鴻江寿治

発 行 人　池田哲雄
発 行 所　株式会社ベースボール・マガジン社
　　　　　　〒 103-8482
　　　　　　東京都中央区日本橋浜町 2-61-9　TIE 浜町ビル
　　　　　　電　　話　03-5643-3930（販売部）
　　　　　　　　　　　　03-5643-3885（出版部）
　　　　　　振替口座　00180-6-46620
　　　　　　https://www.bbm-japan.com/

印刷・製本　大日本印刷株式会社

© Hisao Kounoe
Printed in Japan
ISBN 978-4-583-11425-5　　C2075